互联网时代下高职院校德育和创新创业教育研究

李亚美　李乐　著

中国商务出版社

图书在版编目（CIP）数据

互联网时代下高职院校德育和创新创业教育研究 /
李亚美, 李乐著. -- 北京：中国商务出版社, 2020.12
　　ISBN 978-7-5103-3642-3

　　Ⅰ. ①互… Ⅱ. ①李… ②李… Ⅲ. ①高等职业教育
－德育工作－研究－中国②大学生－创业－教学研究－高
等职业教育 Ⅳ. ①G711②G717.38

中国版本图书馆 CIP 数据核字(2020)第 244458 号

互联网时代下高职院校德育和创新创业教育研究

HULIANWANG SHIDAIXIA GAOZHI YUANXIAO DEYU HE CHUANGXIN CHUANGYE JIAOYU YANJIU

李亚美　李乐　著

出　　版：中国商务出版社
地　　址：北京市东城区安定门外大街东后巷 28 号　　邮编：100710
责任部门：职业教育事业部 （010-64218072　295402859@qq.com）
责任编辑：陈红雷

总 发 行：中国商务出版社发行部 （010-64208388　64515150）
网　　址：http://www.cctpress.com
邮　　箱：cctp@cctpress.com

排　　版：牧野春晖图书有限公司
印　　刷：北京市兴怀印刷厂
开　　本：710mm×1000mm　1/16
印　　张：9.25　　　　　　　　　字　　数：139 千字
版　　次：2021 年 4 月第 1 版　　印　　次：2021 年 4 月第 1 次印刷
书　　号：978-7-5103-3642-3
定　　价：79.00 元

前　言

21世纪以来，互联网飞速发展，各种网络技术和互联网应用层出不穷，网络产品和网络应用的价格不断降低。这些因素使得互联网应用在国内迅速普及，迅速地改变着整个社会的认知渠道、思维观念以及生活方式。目前高职院校的学生大部分是00后，这部分人群对新生事物十分敏感，接触网络平均时间长，受网络影响大，在"大众创业、万众创新"及"互联网+"新业态逐渐形成的背景下，高职学生"互联网+"创新创业成为热点。而高职院校德育教育工作与高职生"互联网+"创新创业教育工作两者密不可分。当前很多高职生还不熟悉创新创业教育，要想保证创业教育工作有效落实，必须引导高职生参与到实际的创业活动中，并加强对高职生创业能力的培养。高职生创业精神培养的过程在某种程度上也就是高职生德育教育的过程，因为德育教育的目标也是培养出高素质的综合型人才。同时，创业过程充满艰辛，高职生要具备较强的心理素质，因此，加强对高职生的心理辅导非常必要。德育过程中应加强对高职生的素质考查，发现其心理问题并及时疏导，为后期参与创业活动奠定基础；在高职生实际创业的各个环节中加强心理辅导，缓解高职生的压力；加强德育教育和心理辅导还能激发高职生的创业积极性，增强其创业信心。

基于"互联网+"的时代大背景，应建立科学合理的德育教育管理机制与创新创业教育机制。本书根据当前我国就业形势，结合时代特色，通过德育教育管理机制的建立，以高职学生创新创业教育为载体，实施德育教育与创新创业教育的有机结合，构建和完善高职院校创新创业教育体系，全面提高高职学生的综合就业竞争力，进而进行人生的成功教育。

目　　录

第一章　高职院校德育工作概述

本章根据高职院校德育的总体目标和内容体系，提出要确立"学校人"与"社会人"相统一、主体性与主导性相统一的德育工作思路；提出高职院校德育工作必须坚持从学生的实际需要出发，采取相应的策略，满足不同学生不同层次的需要。

第一节　高职德育工作目标

高职院校最为重要的任务就是为社会培养和输送全面发展的高素质人才。在对全面发展的高素质人才的培养中，德育发挥着至关重要的作用。但是在今天，高职院校德育工作目标不仅要培养"学校人"，而且要培养"社会人"。

一、"学校人"与"社会人"及其分裂

在高校德育语境中，所谓"学校人"，是指在特定的教育教学环境下，受教育者通过教育者使用特定的教育教学手段传输特定的德育内容而被塑造成为符合某种特定德育工作目标的"学校角色"。而"社会人"则是指按照社会公民及其基本规范的标准来要求并能够实现某种社会期望和目标的"社会角色"。在这里，"学校人"和"社会人"首先指的是某种"角色"，它们是"角色"范畴而不是"类型"范畴，即它们所指称的主要是符合某种目标要求的角色规定而不是在社会分类意义上的类型规定。正是因为它们首先是一个角色范畴，所以它们是可以作为某种目标加以"期待"的。作为高职院校德育工作目标中的一种角色规定和角色期待，可以分别用"好学生"和"好公民"等日常语汇来描述和表征大学德育语境中作为德育工作目标的"学校人"和"社会人"。

在高职院校德育中，从高职教育应然的要求而言，"学校人"的德育工作目标和"社会人"的德育工作目标应该是统一的。但在高职院校德育的现实运作中，

"学校人"的德育工作目标和"社会人"的德育工作目标却存在着明显的脱节与分裂。

造成"学校人"与"社会人"裂变的原因毫无疑问是多种多样的,但其中一个不可忽视而往往又容易忽视的重要原因是有一道横亘在高职院校与社会之间的"墙"。这道"墙"既是有形的,也是无形的,它使高职院校与社会隔离开来。"有形的墙"使大学与社会的隔离只具有地域划分的意义,而"无形的墙"则使高职院校与社会的隔离具有了文化内涵。这道无形的墙使两种文化分离开来,这两种文化就是"校园文化"和"社会文化"。一般而言,"学校人"是校园文化熏陶的结果,校园是"学校人"生长的土壤;而"社会人"则是社会文化哺育的产物,社会是锻造"社会人"的大熔炉。由于横亘在高职院校与社会之间无形的墙将校园文化与社会文化分隔为两个孤立的文化系统,加上校园文化和社会文化本来存在内涵、功能和价值指向等方面的差异,因此校园与社会各自所孕育的"学校人"与"社会人"出现分裂也就具有一定的必然性了。

如果说,作为相对封闭的文化和教育机构的传统高校具有很大的独立性,其校园文化与社会文化的贯通和互动还不明显,甚至校园文化与社会文化还处于隔膜的状态,这种状态导致了高职院校德育与社会规范的差异,也就是导致了以高职院校德育为基础的价值系统与以市民社会为基础的价值系统之间的差异,这也就自然造成了"学校人"与"社会人"的隔膜和裂变。但是,当代高职院校的校园文化与市民社会的社会文化出现了越来越明显的相互作用和相互融合的趋势,这样,使"学校人"与"社会人"有机地统一起来,就自然成了当代高职院校德育的主要目标和根本任务。

二、高职院校德育工作目标的定位错误及引发的后果

按照上述对"学校人"和"社会人"的规定,我们回过头来审视当前的高职院校德育工作目标,可以发现,高职院校德育工作目标总的来说是定位于"学校人"(虽然这种定位往往是"无意识"的)。这是由目前高职院校还是一个相对独立的文化教育系统而与社会相隔离的状况所决定的,也就是说高职院校与传统高

等院校一样以一道文化之墙将自身与社会隔离和封闭起来，不以社会变化为动，却以坚守"高职院校的独立品格"和培养"独立于社会"的"学校人"作为高等教育的最高价值目标；另一方面，这种高等教育的最高价值目标又是社会所认同和称许的，甚至也是社会高等教育的基本价值定位和形象定位。因此，很明显，高职院校德育的错误定位是高职院校和社会双重因素共同影响的结果。

随着社会主义市场经济体制的建立和社会对人才要求的变化，高等教育的上述价值目标和高职院校德育的"学校人"目标定位就已经落伍，当前社会和用人单位在对毕业生的选择和评价上的"应用主义"和"德性主义"取向以及由"学校人"向"社会人"的用人标准转向就已深刻地说明了这一点。譬如，当今社会发出了大学生应首先是合格的社会公民的吁求，对大学生的社会期待和社会评价也更倾向于"好公民"，而不仅仅是"好学生"；而用人单位也更倾向于选择"社会化"程度更高的"好学生"。

"学校人"的德育工作目标定位使大学生对社会的适应越来越困难，往往表现在大学德育与社会规范之间的反差。可以将这些反差概括为四个方面，即社会背景与学校舞台之间的反差、价值观念与现实行为之间的反差、校内行为与校外行为之间的反差、教学内容与日常生活之间的反差等。这几种反差在本质上是一样的，即最终将导致"学校人"与"社会人"的裂变。

这种反差严重地影响着高等教育的人才培养质量，进而影响着公民道德素养的提高。这种影响明显地表现在：由于高职院校德育与社会规范之间存在着反差，由大学德育的价值系统所孕育的"学校人"一旦离开学校走向社会，就将面临更加复杂的以社会规范为主体的另一价值系统，并因对处于这一价值系统中的复杂的社会道德现象毫无准备而一筹莫展，显得有点道德无能——这种道德无能表现在道德思维能力、道德判断能力、道德评价能力和道德行为能力等各个方面。这也就是说，由于高职院校德育所传输的道德规范、道德原则、道德观念等常常与复杂的社会道德现象和道德交往实践存在着较大的反差，或者相反，社会领域里的道德现象和道德实践常常反证着高职院校德育所建构的道德规范和道德原则，这样，刚刚进入社会的"学校人"就难以用这些道德规范和道德原则来现成地解释和判断社会道德现象，因此，他们会既对原来在大学德育中所接受的道德规范、道德原则和道德观念产生怀疑，也对社会价值系统中的各种道德现象产生怀疑。上述情况反映了由于将高职院校德育工作目标定位于"学校人"，忽视了"社会人"的德育工作目标建构，因而使"学校人"的道德社会化过程出现了明显的滞后。

不仅如此，高职院校德育与社会规范的反差以及对人才培养质量的影响，在一定程度上还意味着社会的道德危机。这不仅是因为现代高等教育所培养的人才是社会未来的栋梁，现在的大学生道德素质将直接影响未来社会的整体道德水平；而且还因为由于高职院校德育偏重于理论说教，而相对忽视了对活生生的社会道德现象的实践把握，因此常常导致大学德育与社会规范的脱节。

三、现代高职院校德育工作目标的选择定位

高职院校德育的"学校人"目标定位在当代教育和社会要求中显然已经行不通了，因为学校并不只是给学生提供知识和技能，同时也尽力让学生适应一定的文化习惯，使之最终成为比较好的公民。这样，如何在高职院校德育的目标定位和选择中实现"学校人"与"社会人"的统一，就是当代我国高职院校德育中的一个崭新课题。这是由高职院校德育所面临的全新形势和任务所决定的。

随着经济全球化不断发展，高等教育的国际化和高等教育体制的改革势在必行，我国高等教育已经面临着以往未曾遇到过的多重压力和其他各种因素共同形成的复杂局面，高等教育已经或正在失去过去那样的体制保护而日益被推入自我选择之中。在这样的形势和条件下，高等教育就直接地面临着诸多问题，在这些新的问题面前，为了谋求生存和发展，高职院校就必然不能再像过去那将自己封闭起来，而必须把"开放"作为自身发展的重要理念。开放对于当代大学生存和发展所具有的价值和意义，是历史经验所证明、现实需求所决定和未来趋势所指明了的；"开放"作为当代高等教育发展的重要理念，是体现在校际之间、学校与社会之间和国际等各个领域、各个层面上的全方位的开放。高职院校把开放作为自身的发展理念，意味着必须打破过去那种自我封闭的格局，拆除横亘在高职院校和社会之间的表现在观念、制度、文化等各个方面的道道"围墙"，而实现

"校园文化"与"社会文化"有机的对接、良性的互动、水乳似的交融。不仅如此，高职院校虽然仍应是一个追求学问、培养技能的地方，并应保持相对的独立品格，但高职院校与社会关系的日益密切，使得高职院校不仅应以开放的胸怀和气度拥抱社会，而且还应该也必须走向"社会的中心"。

在高等教育面临的新形势和新任务面前，与高等教育作为自身发展的重要理念并日益走向社会的中心相适应，高职院校德育就不应也不能固守仅仅将"学校人"作为德育的理念目标，而必须将"学校人"与"社会人"的统一作为全新的德育工作目标，或者更准确地说，实现"学校人"与"社会人"的贯通。这当然是由上述高等教育所面临的新形势和新任务所决定的，这些新的形势和任务又使下述两个方面成为促使高职院校德育必须将"学校人"与"社会人"有机统一起来的重要因素。

首先，现代社会对高素质、应用型人才的要求决定了高职院校德育必须将"学校人"与"社会人"有机地统一起来。现代社会对高素质人才的要求已经不是过去的那种坐而论道的清谈家和对社会品头论足的评论员，而是符合社会发展要求的合格公民。合格公民当然是既能合法地维护自身的权利，又能自觉地遵守社会义务和责任的社会成员。具体而言，合格公民至少应该是一个公共生活领域里法律和道德等社会规范的遵守者、职业生活领域里爱岗敬业的践行者。目前，在高职院校德育活动中，加强公民教育已经越来越成为高职院校德育的最强音和最紧迫的课题。然而，对合格公民的教育和培养往往处于以"学校人"为德育工作目标的传统高职院校德育的视野之外。之所以这样说，是因为事实证明了不少大学生在进入社会以后确实不知道做一个怎样的合格公民和怎样做一个合格的公民。正因为这样，我们认为当代高职院校的德育工作目标应该是将"学校人"与"社会人"有机地统一起来，并以"合格公民的教育和培养"作为二者统一的基础。

其次，当代高职院校所处的特殊地位要求高职德育将"学校人"与"社会人"有机地统一起来。高等教育作为直接面向社会培养高层次合格人才的教育活动，是从基础教育到终身教育整个教育过程的重要阶段和环节，具有承前启后、继往开来的重要作用。就高职院校德育而言也是如此。目前，我国高职院校德育的重要任务之一是应该尽快地使"学校人"过渡为"社会人"、使"学校人"角色尽快转变为"社会人"角色。这也是为了使学生更快、更顺利地适应和融入社会从而使社会尽快地接纳和认同新成员的迫切需要，也是实现高职教育人才培养目标的需要。

四、高职院校德育的理念目标的实现途径

为了实现"学校人"与"社会人"相统一的高职院校德育工作目标，在新的形势和任务下就必须进行高职院校德育创新。当前我国高职院校德育创新至少应该在德育理念或德育观念、高职院校文化与社会文化的互补与互动以及高职院校德育内容等三个层面上进行。

第一，必须实现高职院校德育的理念或观念创新。高职院校德育创新主要包括德育观念创新、德育内容创新、德育方法创新等方面。在这些创新中，归根结底是德育观念的创新，没有德育观念的创新，就不可能有其他方面的德育创新。当前德育内容和德育方法的创新之所以难有进展和突破，根本原因之一就在于德育理念滞后、德育观念没有创新。可以说，我们提出的"学校人"与"社会人"相统一的高职院校德育工作目标，在某种意义上就已经是对高职院校德育的理念或观念上的创新。"学校人"与"社会人"相统一的高职院校德育工作目标的树立，是高职院校德育创新的观念先导。

第二，高职院校文化与社会文化实现双向互补和良性互动是高职院校德育创新的文化基础。当代高职院校和社会最大限度地相互利用对方资源的合作，使当代高职院校与社会的关系越来越密切，并已受到各方面极大的关注。但是，当代高职院校与社会的这一资源流动基本上还停留于"器物"或"硬件"的层面，如高职院校面向社会融资、高职院校向社会的科技成果转化、高职院校与社会的人才共享等方面，而对"文化"或"软件"层面的资源交流却缺少关注和思考。

第三，经常关注社会和民生并不断吸收社会营养是高职院校德育创新的重要内容。以"学校人"作为高职院校德育工作目标的最大弊端之一，就是高职院校德育不能直面社会，其德育内容与社会生活关联不大或没有深刻关联，在德育教学中还远远没有脱离理论说教的老框架，常常引用的一些社会"例证"，也只不

过是为了增加理论说教的"说服力"而已。这种状况自然使高职院校德育难以解释大学生所关注和关心的社会问题。比如，当前我国社会的诚信问题比较突出，社会各界十分关注；即使在校园内部，诸如考试作弊等各种诚信缺失的现象也比比皆是；与社会各方处于诚信互动之中的大学生助学贷款也已开始全面启动，毕业生不还助学贷款的失信现象已开始浮出水面……这些问题本来应该及时成为我们德育教学中的鲜活内容，然而，高职院校德育却对此有点反应迟钝。诚信教育作为一个基本的社会信用和个人德性问题未能及时进入高职院校的德育系统之中。可以认为，这种状况在一定程度上可以说就是与高职院校德育定位于"学校人"有关，其结果必然导致"学校人"与"社会人"的分裂。因此高职教育必须进一步加强道德教育。

第二节　高职德育工作理念

高职院校德育教育规律主要包括：教师的主导作用与学生的能动作用辩证统一的规律；协调自觉影响与控制自发影响辩证统一的规律；内化与外化辩证统一的规律。这些规律都与高职德育实践过程中学生主体性地位与教师主导性作用问题有关，是高职德育目标模式定位与选择、内容体系构建、方法途径探索的根本依据。

一、德育目标定位与模式选择应突出学生的主体性地位

新时期高职院校德育必须确立现代化的德育指导思想。这个思想应体现以人为本的精神，即把人作为道德主体来培养，促进人的德性的健康发展。现代德育的核心思想就是"促进人的德性现代化"，即德育是主体性发展性的德育，它以满足受教育者的需要、促进其个体道德的发展及道德人格的提升为宗旨，并强调道德认知道德情感、道德行为的作用和地位。基于这样的理解，高职院校的德育目标应定位到培养具有现代思想道德素质的主体上来，弘扬人的主体地位，反对纯客体化地灌输。也就是说，在高职的德育过程中教师与学生应建立一种合作互

动关系。教师的主导性地位与学生的主体性地位必须得到同等重视与加强。

反思以往的德育实践，存在的主要问题有：①把学生置于被动受教导训诫的客体地位，忽视甚至抑制了学生的主体判断与选择，这是造成高职院校独立的道德思维能力和道德行动能力不足的主要根源。②把手段当目标。现今高职院校德育活动程度不等地存在着这种倾向，似乎把书本上的道德准则、行为规范宣讲给学生听，并按照所谓的德育考核标准，以量化手段去考评学生的德行，便实现了德育目的。这种片面强调可操作性的做法，大大降低了高职院校德育的品位与质量层次。③德育内容脱离实际，不能最大限度地激发起学生对它的内在需求，德育效果因此大打折扣。所有这些，都是与现代德育思想、德育目标相背离的。

德育不应以约束人为目的，恰恰相反，它应力求通过发展人的主体素质，提升人的主体性，实现对现时代的超越，完善人的个性品质。主体性德育所确定的培养目标不是造就传统的机械模仿者，而是培养传统道德的批判继承者、未来文明的创造者。因此，它不仅应重视道德规范的掌握，还要注重发展学生的道德思维能力，培养其丰富而健康的道德情感，培植其果敢的道德勇气。主体性德育对个体的目标要求是：以积极的姿态适应社会，并具有自主性、独立性、主动性创造性等"主体性道德素质"。作为道德实践活动的主体，应能在既有的社会规范基础上，经过自己的理性思维，独立地作出道德判断与道德选择，自主、自觉、理性地调节自己的道德行为，在生活实践中完善自身的品德，提升自己的人格。主体性德育将德育的现实性功能与超越性功能、个体享用性功能和一系列社会性功能有机地整合于"受教育者主体性"的培养上，全面展示了德育的功能：既通过道德教育传授现时代的规范，又按照某种超越于现实的道德理想去塑造与培养人，促进人去追求一种理想的精神境界与行为方式。

根据上述理解，新时期高职德育的模式选择，也必须充分体现主体性德育思想的实质与精要，确立学生在道德实践中的主体地位。

总之，无论我们对高职德育作出怎样的目标定位与模式选择，德育的最终目的应该是使高职院校成为兼具普通公民所必备的基础文明和作为知识分子应有的高尚情操的道德健全的人。

二、学生的主体性与教师的主导性在德育过程中是辩证统一的

当前，教育改革所关注的热点问题之一是主体性教育问题。这一问题有人认为是教育哲学问题，更有人认为是时代的教育哲学这一问题的提出应该说是十分有益的。它无论是从中国传统文化沉淀下来的问题的角度审视，还是从面临的时代精神的客观要求的角度思考，主体性的教育问题应是研究的基本问题之一。"人的主体性""人的主体道德人格"作为人的一种理想追求和对现实的超越，有其存在的必要性。然而，一个正确议题，总应有一个适度的范围。在当今"以物的依赖性为基础的人的独立性"的条件下，人的主体、独立、自由是很有限的。所谓的人的主体性，常常是将主体性异化为他体性；人的主体道德人格，常常是被异化为他体的道德人格。这种"物役性"的主宰，正像马克思所说"人的社会关系转化为物的社会关系，人的能力转化为物的能力"。在这种情况下，是不能去泛泛地谈什么人的主体性、人的主体性道德人格的。因此，谈"主体性""主体性道德人格"必须限定它的内涵。人的主体性、人的主体性道德人格又是怎样形成的呢？它不是天赋固有的，天赋只给了人的主体性呈现的生理物质基础；也不是人在自然状态下自发生成的，尽管自发性的求索给人的主体性以多方面的影响。人的主体性的形成就是靠学习、靠教育。常言说，玉不琢，不成器；人不学，不知义。人的主体性的形成，仍是靠"教"来实现。"教"包括道德目标的设计，道德内容的选择，教育方法的安排等。

教育是教与学的双边共同活动，"授与受""讲与听""问与答""导与从"等是一个过程的两个侧面。在这一过程中，主体性的呈现与主体性的丧失表现为多侧面：从教师的教、授、导来说是教师主体性的充分呈现，而学生的学、受、从则是主体性的丧失。但从学生是认识的主体来说由要知到知，由要会到会，由理解到掌握等，则又是学生主体性的呈现，同时又在扩展丰富着自己的主体性。在教育进程中，学生表现为：外表面的主体性的丧失与内在的主体性的扩展丰富的统一，表现为前段性的主体性丧失与后段性的主体性呈现的统一。主体性丧失与获得是辩证的，也是相对的。绝对的主体性是不存在的。

在高职院校德育过程中，教师的主导作用与学生的主体作用是辩证统一的。一方面，学生主体作用的发挥，离不开教师的激发和引导。没有教师的激发和引导，学生的主体作用就不可能得到充分发挥。另一方面，教师主导作用的实现，也离不开学生主体作用的发挥。没有学生主体作用的发挥，教师所传输的社会要求就不可能为学生所认识和接纳，也就不可能达到预期的教育目标。实际上，教师主导作用的实质，也就在于正确引导和充分激发学生的主体能动性，使之能够主动接受并自觉实践社会要求，从而形成符合社会要求的思想道德品质。总之，高职院校德育过程是教师的主导作用和学生的主体作用辩证统一的过程，只有充分发挥两者的作用，使其相辅相成，相得益彰，才能使德育过程顺利进行并取得成效。

总之，德育是将一定的社会思想和道德传递给受教育者的活动。这一命题无论是从目的的角度，还是从内容、方法的角度看，都是正确的。德育是内化过程，是输入过程，是传递过程。

第三节　高职德育工作思路

德育的实效是教育者、被教育者和教育环境三方面互相作用的结果，只有形成合力，德育工作才能取得较好效果。本节运用管理学中马斯洛的需求层次理论就高职院校德育工作途径的构建进行探讨。

一、马斯洛的需求层次理论

需求层次理论是美国心理学家马斯洛在 1943 年所著的《人的动机理论》一书中提出来的，他把人的需求归结为五个层次，由低到高依次为生理需求、安全需求、社交需求、尊重需求和自我实现需求。

生理需求是一个人对生存所需要的衣、食、住等基本的生活条件的追求。在一切需求中，生理需求是最优先的。安全需求是指对人身安全、就业保障、工作和生活环境安全、经济上的保障的追求。社交需求是指人希望获得友谊和爱情、得到关心与爱护。尊重需求是指希望自己有稳固的地位、得到别人高度的评价或为他人所尊重。自我实现需求是促使其潜在的能力得以实现的愿望，即希望成为自己所期望的人，完成与自己能力相称的一切事情。

一般来说，只有在低层次的需要满足以后，人才会有进一步的追求高层次的需要，而且低层次的需要满足的程度越高，对高层次需要的追求就越强烈。

二、对需求层次论采取的相应的管理措施

随着高职教育的不断发展，尤其是高职教育的改革，学生的学习、生活环境发生了相应变化，更在内容上提升了学生的需求。下面针对需求层次论对应采取的相应管理措施进行论述。

（一）满足学生生理方面的需求

衣、食、住等都是生存所需要的最基本的生活条件。随着高校扩招以及高校后勤社会化改革，学生的学习、生活环境发生了相应的变化，更在内容上提升了学生的物质生活水平。"物质第一，精神第二"，正是在这个意义上提出的，德育工作首先要做的就是满足学生对健康的生活环境的追求愿望。其次校园及住宿环境的不断改善以及管理的人性化等，都会潜移默化地影响到每个学生的行为。他们会自觉地提高自己的修养，以使自己的行为和周围清新、整洁的氛围相吻合，体现了行为文化软约束的力量所在。因此，学校德育要关注和引导学生的日常生活方式和生活习惯。应该向学生传授现代文明生活方式，和平共处有关知识，指导他们以勤劳节俭、自尊自爱、量入为出的方式生活，使德育真正服务于同学，引导他们体验这种文明、健康的生活方式并养成良好的生活习惯，这是对高职院校进行远大理想教育的基石和有机组成部分。低层次道德的实践正是步向高层次道德境界的基础。

（二）满足学生安全方面需求

安全需求是指对人身安全、生活环境安全等的追求，在这里可延伸为对求学环境、社会环境安全的需求。学校要了解学生对安全的需求，通过一系列措施加

以实现。①契约保证。学生在校期间，学校各职能部门、系部各司其职、齐抓共管，以保证学生在一个安全、有序的环境中完成学业。同时，通过与他们订立相应契约等，规定在校期间他们所能享受到的权利以及所应承担的义务。②在现代社会生活普遍优裕的情况下，仍需特别关心特殊学生群体的思想政治工作。对高职院校中家庭经济困难的学生，在采取各种助学措施的同时，要关心这部分学生的思想政治状况和生活状况。德育工作需要从关心学生的角度出发，解决与他们切身利益紧密相关的问题，关注学生的心理倾向的养成，注意培养学生的吃苦精神、面对困难的勇气和战胜挫折的毅力。学生在社会、学校、教师、同学的关爱中会思索怎样生活、怎样工作、怎样为人，在教育的潜移默化过程中，使受教育者在自我思索的状态下树立良好的人格。学生以主动参与社会实践活动及热心社会公益事业来回报社会，这说明了一方面是由于我国社会发展存在这种需求，另一方面也契合了学生的心理需求和价值观念，将中华民族"助人为乐"的传统美德和讲求"自我教育、自我发展"的时代风尚紧密结合起来。

（三）满足学生社交方面的需求

社交需求是指每个学生都希望获得同学的友谊，拥有良好的人际关系，同时得到团体的接纳和组织的认同。市场经济使校园处于开放的环境中，学生的需要多元化，交往和活动范围也扩大了，学校德育应关注和指导学生的交往生活，积极承担起指导学生交往的基础知识，培养和锻炼他们的交往能力，引导他们勇于和善于建立起平等友爱、互帮互助、开放宽容、诚实守信的良好人际关系，为自身的健康发展和社会的安定协调好人际关系。①团体活动计划。充分发挥校园文化的亲近感、弥散性和富有感染力的特点，积极开展高品位、高层次、富有吸引力和感召力的校园活动，使学生在广泛参与中陶冶情操、提升境界、优化素质。②教育培训制度。学校可以经常推出一些培养学生非智力因素的教育培训活动，聘请有关专家定期做一些讲座，同时也可以征求学生的意见，看看他们需要哪些方面的培训。高职教育的特点是培养具有"零"适应期的学生，即学生走上工作岗位就能适应工作岗位的要求。一方面要求学生掌握专业技能，另一方面还要求学生掌握包括人际交往、语言表达能力、处世等"可转移的技能"。因此，高职教育要面向社会、结合社会进行教育并考虑更远，使学校教育同社会生活更加紧密地联系和合作，建立起一种学校和社会双向参与、相互促进的体制和机制，使高职院校向社会输送有用人才，使学生跨出校门后面对这个竞争的社会不再无所适从。

（四）满足学生获得尊重方面的需求

尊重需求是指希望自己得到别人高度的评价或为他人所尊重。每个人都有一定的自尊心，若得不到满足，就会产生自卑感、无能感，从而失去自信心。这方面的需求，对于高职院校来说更为重要。目前，由于社会对高职教育的误解、人才的高消费现象等问题的存在，高职院校学生自卑心理还是很严重的。高职院校德育工作，应把增强学生的自信心、自豪感放在一个重要的位置。要求学校在学生评先、评优、各种荣誉权利的获得以及与他人利益的比较中做到公平、公正、公开。①学习考核制度。学习考核制度可以说是高职院校管理中始终不变的主题之一。德育工作关注和指导学生的学习、生活，可以强化学生的人生观、价值观和理想教育、爱国主义教育，提高其学习的主动性、积极性，引导学生把学习与自己的发展成才和祖国的前途命运联系起来，增强其学习的动力和毅力。②奖励、表彰制度。"奖学金""三好学生"等的评比要纳入规范化的轨道，学生中出现的些好人好事应及时予以表彰，以起到良好的示范效应。面对今天的客观要求，必须把学生在校期间的各种表现，都能通过正确的方法有所体现、有所分析、有所比较。把定性分析同定量分析相结合，用客观事实来评价学生。③选拔培养制度。通过对学生干部的考核等，可以有意识地选拔一些有能力的学生担任更加重要的任务，给学生创造一个发挥自身优势的空间。心理研究结果揭示，受教育者的心理特点表现在品德思维上具有较大的具体形象性。首先，高职院校德育方法无论在选择或运用中都应注重体现直观性。德育方法科学化的重要一环是增强可操作性。由于高职院校教师的教育教学任务重、工作繁杂，加上在市场经济条件下高职院校德育工作中面临许多新问题，教育者对德育方法的可操作性要求十分强烈。其次，如何公正地、客观地和科学地评价一个学生的在校表现，并得出有

13

说服力的结论，已成为当前高职院校德育工作能否上水平的一个现实问题。最后，加强德育师资队伍建设，提高德育教师的整体素质，也是高职教育学生德育工作有效性的关键，对此高职院校德育工作应有战略性的计划。

（五）满足学生自我实现方面的需求

自我实现需求是指每个学生都希望接受一些富有挑战性的工作，来充分发挥自己的潜力、体现自己的能力。尤其是当学校满足了他们以上几个方面的需求后，他们对自我实现的需求将更为强烈。①管理参与制度。学生自管组织可以说为学生实现自我价值提供了一个很好的舞台，使他们有机会参与到学校管理过程中，共同为高职院校营造温馨舒适的生活环境和良好的文化氛围。②决策参与制度。学校应通过各种途径或方式，积极吸引学生为学校的发展出谋划策，所谓的"集思广益"就是如此。而学生通过参与决策这种民主的管理制度，真正体会到做学校主人的感觉。③创新制度。无论什么管理制度，如果没有创新，便没有很强的生命力。而创新也最能体现一个人的能力，通过类似"创业计划"大赛这种模式，用高收益或高回报激励学生的积极性。探索加强学生自我发展，增强自主选择能力是高职教育德育工作中重要一环。仅仅"授之以渔"的教育方式已经远远落后于社会发展和学生成长的客观需求。重要的是教给学生价值选择的能力。首先，必须重视把学生摆在与教师交流的同一个平台上，而不是"居高临下，我打你通"，德育工作必须牢牢定位于"引导和帮助"，尊重学生的自我选择而不放任自流。其次，必须把能力的培养摆在更加显著的地位。德育工作要传播真理，还要重视传播追求真理的精神和方法。现在高职院校中较为普遍存在的知行不一的现象，实际上正反映了教师在这方面的工作还有较大的拓展空间。

学生德育工作是高职院校的中心任务之一，德育的出发点不是禁锢人、束缚人、约束人，而是创造条件使人得到全面发展。因此，教师要从学生实际需求出发，坚持以人为本的德育工作理念，认识并尊重学生的需求，了解学生的思想动态和真正关心的问题，找准德育工作的立足点和切入点，使德育的功能得到充分发挥。

第四节 高职德育主体模式

高职教育的职业性和实践性是高职教育的特色，充分利用校企联合的德育潜在优势，充分挖掘企业的德育资源，是做好高职院校的德育工作、打开德育工作的新局面的一条行之有效的途径。

一、校企合作的德育模式理论分析

（一）校企合作的德育模式是由高职教育的特点决定的

高职教育的特点反映在培养目标的实用性、专业设置的职业性和灵活性、人才规格的复合性、教学内容的实际针对性、教学过程的实践性、师资队伍业务要求的双重性（既有企业实际工作经验，又懂教学理论）、办学途径上产学研结合和校企联合的紧密性等方面。这些特点要求德育体系、内容、方法要贴近职业教育和岗位需求的目标，根据岗位和岗位群的实际需求塑造学生的核心能力和意志品质，提高学生的思想道德素质。根据职业教育需要，高职院校在校学习与在企业实习的时间一般为 2：1 或 3：1，因此，在企业中实践的时间占了学生生活的很大部分，这也是对学生实施德育的大好机会。如果能充分利用好企业的德育资源和校企联合办学的德育优势，抓住学生实践和与社会接触的机会进行德育教育，将为高职院校的德育工作开辟出一片新的天地。

（二）活动性、主体性道德教育论是校企合作的德育模式的理论基础

所谓活动道德教育，就是在活动中通过活动而且为了活动的道德教育。高职院校校内的德育理论教学是道德教育的基础课程，校企联合模式中的教学一方面是专业技能实践课程，另一方面也是道德教育的实践课程，因为这种教学本身对学生来说就是一种活动。校企联合德育的实践策略对于学生个体的教育意义是多方面的，下面结合活动的道德教育意义对此加以分析。

第一，校企联合为学生提供的实践活动是学生个体道德形成、发展的根源和

动力。校企联合模式不但为学生提供专业学习和技能训练的机会，而且也为学生的道德发展提供了广阔的空间。在企业实习过程中，学生必然要活动、实践、交往。活动、实践、交往对于学生道德发展的意义在于：首先，通过活动加深了对道德原则、道德知识的理解，为道德的真正获得提供了基础。高职院校在学校所学的"道德""修养"只有在实践过程中，在亲身参与活动和工作中，在与企业及社会的互动中才能得以检验，学生本人才能亲身体验"利"与"弊"的关系，从而修正自己的行为，提高自己的道德修养。其次，在协作和交往中，可以培养、发展真正的责任意识和义务感。道德的根本关系是人与人、人与群体之间的利益关系。这种关系只有通过活动和交往才能体现出来，而基于这种利益关系所要求的责任、义务也只能通过活动才能产生。高职院校内的校园活动虽然也能为学生提供协作和交往的机会，但这种协作和交往不管从广度和深度上都远不及学生在实习过程中的协作和交往。实习过程中的协作和交往有更广泛的社会关系，也必将带来更为复杂的利益关系。基于互利、互惠基础上的协作和交往是相互尊重、相互协调以及推己及人、由人及我的"移情"式理解能力发展的真正基础，从而产生在交往中避免有损双方利益、趋向有益的心理要求。真正的道德义务感和责任感由此萌生。在实际生活中，虽然高职院校整体素质不及普通高等院校，自律能力也有差距，但较早地与社会接触较深刻的社会认知，使他们在自身的道德义务感和责任感上早于同年龄普通高等院校。这与校企联合模式给学生较多的实践机会不无关系，皮亚杰认为：自律只与互惠有关，当互相尊重的情感强到足以使个人内部感到要像希望别人对待自己的那样去对待别人时，才出现自律。事实上在现代社会生产、生活过程中的合作精神、集体主义精神正是基于互惠的合作产生的。没有合作、没有交往，人既不能产生真正的责任意识，也无法履行自己的义务和责任。

第二，校企联合模式为学生提供了真正自我教育的机会。与教育相比，自我教育乃是一种更为深刻、更为根本的教育，任何学校教育的目的都在于通过教育而至不教。就此意义上讲，自我教育可谓之最高形态和归宿，校企联合的模式给予学生这样一个自我教育的机会。而且，真正意义上的自我教育是较晚时候才出现的。按年龄来说，高职院校的学生已经是成人，自我教育应该是学生道德发展的主渠道。

校企联合的模式，作为高职院校交往的主体从原来的学生之间、师生之间，又增加了学生与企业员工、学生与社会人员以及教师与企业人员、教师与社会人员的交往，交往的主体明显增多。主体间的交往有助于自我认识和自我评价。主体在交往中，在相互作用和相互评价过程中，不仅学会评价别人，而且学会评价自己。通过比较，主体能客观公正地评价自己，加深自我认识。而且通过交往，主体通过别人对自己行为所产生的客观效果的反响对自己作出评价，并不断修正对自己过高或过低的评价，调整对自身的认识。高职院校在学校中是相对封闭的环境，学生对于自我认识和自我评价仅限于在学校范围内，而且相当一部分学生不能也不会客观地评价自己，他们的自我意识缺乏社会大熔炉的历练。高职院校通过在企业实习和社会锻炼，在与更为复杂的人群交往中，对于其原有的人生观、价值观都是一种考验。在处理与他人、团体以及来自整个社会的因冲突、碰撞产生的各种矛盾中，学生自然而然会产生反思，以致触动其灵魂深处的东西，从而提高其道德思维和道德判断能力，调整自己的思想和行为，在不和谐与和谐的反复变迁之中，逐渐完成一个从学生到职业人和社会人的转变。

第三，校企联合模式给学生提供了实现其道德之个体意义的途径。活动不仅是道德形成和发展的根源，而且是道德之个体意义或价值实现的根本途径，个体的道德实践可以使人精神充实、个性完满，实现对自己的肯定。所以，道德对人自身的肯定和发展的意义是通过人自己的活动、自己的实践以及人与人之间的交往实现的，人的活动和交往为每个人的发展提供了前提。校企联合模式为学生提供了这样一条途径，由于多年的学生身份，学生自身价值的实现的途径相对较少，而且实践空间是较封闭的。到企业实习是学生从学校走向社会的一种过渡，通过履行道德义务和责任，通过参与生产任务而获得成果，使学生享受到实践道德的快乐，体验到更深刻的自我肯定、自我完善的满足。从而进一步强化其道德认识和道德行为，形成良性循环的发展趋势。

主体性道德教育是培养和发展学生道德主体性的教育。主体性道德教育所要培养的是具有道德能动性、意志自由的道德人格。具体来说，它要激发学生的自我需求、自我教育，培养他们面对道德情境、道德问题时做出自觉的理性思考、判断和选择的能力，从而克服困难，积极主动地践行道德，并对自己的道德行为及其结果负责。高等职业院校由于受原有办学模式和办学历史较短的影响，加之职业教育"能力本位"思想的根深蒂固，容易造成学生道德主体性的缺失。学生缺乏主见，容易盲从，思想浅薄，勤于动手却罕于动脑，校企联合办学模式可以增强学生的道德主体性，提高德育工作的实效性。

开放性是道德主体性的重要特征，人类文明发展的历史证明，人类的自由、个人主体性的实现，首先表现为一种开放的而非封闭的，接纳的而非排斥的主体性，即主体从孤独的单向度自我挣脱出来，走近他人、走入社会，实现主体与主体的互融、相通，在与他人的双向互动中，感受别人的苦乐，关心、帮助他人，同时也得到他人的接纳和关爱，从而实现人我的相通和谐。学生通过在企业实习，可以从自己的"我"，推己及人，走近别人的"我"，把小我融进社会的大我。校企联合模式下的实践性教学为主体性道德教育提供了条件。生活世界是主体性道德教育的根基，校企联合的实践性教学为学生打开了一个更加丰富多彩的生活世界。生活与道德的关系是生活大于道德，生活先于道德，道德是人为了更好地生活而产生的，是具体的、真实的，存在于人们的日常生活中的。因此，道德教育需要与学生现有的生活世界以及未来的生活世界相联系，以学生的整个生活环境为背景，通过在企业实习，学生生活的背景从家庭、学校扩大到企业、社区，直到整个社会，相互结合、相互促进的道德教育网络把学校道德教育融入学生广阔的生活背景，使得教育内容更加充实，道德教育更加真实、有效。

交往和实践是主体性道德教育的关键，校企联合模式为学生提供了更多交往和实践的机会。没有社会认知的发展就不会有个体道德的发展，因为道德体现为关系中的互助、理解与和谐，缺乏对他人的存在、思想、情感、行为的意识，就不可能与他人产生联系，也就更谈不上对他人的理解和帮助，也就不会有道德行为的产生。只有通过交往，通过社会角色的承担，个体才能逐渐走近他人、体验他人、帮助他人，不断积累道德经验，实现道德的发展，所以个体道德的发展离不开人与人的交往活动，主体性教育必须立足于学生的交往与实践。到企业实习，承担企业的各项工作，可以为学生提供更多的交往机会、更广阔的实践空间。通过工作，提高他们的道德意识，促进其道德思维的发展。

平等的师生关系是主体性道德教育的保证，社会实践使学生体会到了更加平等的师生关系。主体性道德人格首先表现为作为交往的一方，他必须有独立平等的地位，在强制的、一方压倒另一方的师生关系中，学生是无地位可言的，又何来自主判断、自主选择和实现意志自由的道德行为呢？所以，实施主体性道德教育必须建立新型的平等、尊重、对话的师生关系。在学生实习过程中，学生与教师的关系复杂化，在工作中，学生既接受教师和企业员工的指导，也是教师和员工的合作伙伴，具有同等的发言和行为权利，教师和学生在工作岗位上更易形成平等协作的伙伴关系，相互尊重，相互协作，互相敞开心胸，倾听对方，接纳对方，在共同参与、合作、投入和创作的交往活动中，实现师生德性的共同成长。

二、校企联合模式的德育资源与其价值

企业的有形和无形资源都对高职院校的办学有着重要的利用价值。过去我们对于这些资源在专业建设方面利用较多，而对其德育价值的利用却较少。因此，如果能把这些资源的德育价值挖掘出来，是高职院校一笔宝贵的财富。

（一）企业的德育资源

企业的德育资源从广义上讲，就是指企业所独有的可用来对学生进行德育教育的原材料，大体包括企业本身、企业的人才、企业文化三个方面。

企业本身：优秀的企业本身就融政治、经济、科技、文化、爱国主义和集体主义等教育因素于一体，是一个良好的德育基地。这样的企业自然而然就成为高职院校首选的学生社会实践基地。不仅实习生可以进去实习，在校生也可以组织参观、考察、访问、交流等德育活动和社会实践活动。作为高职院校与这样的企业联合，共图发展，学生自然会受到潜移默化的影响。

企业的人才：优秀的企业拥有一支现代化的企业管理人员队伍和高素质的专业技术人员队伍。当中更有突出贡献的先进人物，他们是企业稳固和发展的"脊

梁"。这样一个群体是学生学习的生动教材，是学生各方面学习的用肉眼就能看见的"活"的榜样。他们为学校提供了德育工作的人才资源。

企业文化：任何一个企业在创业、建设、生产、发展过程中，都留下了一部艰苦奋斗的创业史，其中每一篇、每一页都书写着企业建设者、劳动者的高尚情怀，展示着他们的奋勇拼搏的开拓能力，表现着他们与时代同行的聪明才智。这所有的一切都体现着一种具有无穷魅力和无限力量的企业精神，并由此形成了各自独特的企业文化。企业文化作为一种特殊的文化现象，大致可以分为物质文化、组织制度文化和精神文化三个不同的层面，它们分别具有不同的基本功能且一并构成了企业文化由表及里的全部内容，对于给学校和学生产影响的企业文化当然是三个层面的内容都包含在内。

企业精神文化。企业精神文化是企业的深层结构，是企业成员共享的经营管理观念和价值准则。企业精神文化在企业文化整体构建中处于核心地位，是以人为中心管理的内在要求。企业精神文化建设旨在优化企业职工群体素质，最大限度地开发企业的人力资源，为企业的发展提供精神支柱和活力的源泉，企业精神文化包括企业经营哲学、企业价值观念、企业伦理道德、企业科技文化意识、企业风尚、企业精神等。企业精神文化能对企业员工产生最深层次的道德教育。

企业制度文化。企业制度文化是企业微观上层建筑重要的组成部分，但它与企业精神文化不同，企业制度文化带有严格的规范性、强制性，是企业管理中的硬性要素。企业制度文化包括企业的规章制度和企业组织机构两部分，它的制定和执行都要受精神文化的制约和支配；同时，企业制度文化也必然对企业精神文化产生重大的影响。

企业物质文化。企业物质文化是企业精神文化的载体，是企业精神文化与制度文化在企业产品、服务、设备、厂容、厂貌以及文体、福利设施等外显层次的显现，其中最重要的是产品与服务。

（二）企业德育资源的实践价值分析

企业蕴含着如此丰富的德育资源，这是高职院校的德育优势所在，也是普通高校所无法企及的。那么这些资源何以对学生产生作用呢？科尔伯格的公正团体策略是校企联合德育策略的实践依据，并给我们做了很好的解释。

道德教育的公正团体策略是科尔伯格针对他早期道德讨论策略的局限提出的，是对道德实践本质的一种践行，是道德教育实践的具体总结。在公正团体中，教育意味着使学生在社会中学会并根据社会规范生活，因为这种规范的生活对于维持团体的团结是必要的，这些规范或纪律经过民主讨论一旦确定下来，便有了集体的权威，要求每个人尊重并履行这些规范。如果有人公开违背了这些规范，不仅要遭到来自成人的指责，而且会遭到同伴的指责。这种规范反映了个人利益与团体利益的统一。在教育过程中，教师不仅是个体道德发展的促进者，而且是社会道德观的支持者，是道德规范的实践者。

公正团体策略要求学校建立积极的道德环境，影响学生关于集体、公正、秩序等方面观念的形成。科尔伯格认为班级和学校的道德教育环境是促进道德判断发展的关键所在。然而，班级和学校的影响对于中小学生来讲或许教育价值更大，对于高职院校来说，在高职院校开放性日益增强的今天，教育价值大大减弱。现在不管是普通高校还是高职院校都在寻求对于大学生更有实际教育意义的"公正团体"，在这方面高职院校采取的策略有建立和规范学生社团组织，建立以宿舍为单位的社区团体组织等。对于校园文化历史较短、硬件设施匮乏、师资暂时短缺的高职院校来讲，学校需要建立一个更适合其特点的"公正团体"，与高职院校联合办学、共谋发展的企业是这一"公正团体"的最佳选择，而且这一团体是相对成熟的，它所具有的企业本身、企业人才、企业文化方面的资源是"公正团体"必需的因子。

首先，企业作为"公正团体"具有能够影响学生关于集体、公正、秩序等方面观念的要素。在企业德育资源中企业本身就是一个集体，当然，这种集体视企业的规模、人员的多少等因素的影响可大可小，但学生进入企业的第一天，这种集体的观念就自然而然地产生了。企业中公正的概念是分层次的，作为企业整体，它发展的前提必须是能为社会、为人类提供物质和精神财富，这是一种具有崇高意义的公正；另外，对于企业这一团体必须对它的每一个成员保持公正，公正的原则就是企业自身的规范，如规章制度、考勤奖惩等。而且这种规范与其成员的经济利益直接挂钩，如多劳多得、少劳少得、不劳不得等，这对于实习学生来讲，有助于学生责任感和义务感的形成。对于这个概念，学生在企业体会得更为深刻，企业制定的工艺操作规程、厂规厂纪、员工守则时刻规范着学生的行为。

其次，企业作为"公正团体"能够向学生提供各种角色承担的机会。道德的发展需要社会性质的刺激，它们来源于个体之间的相互作用、道德决策和个体之间的直接道德论争，科尔伯格称之为"角色承担机会"，角色承担机会表现在家庭、学校和社会之中，通过角色承担可以导致社会认知的发展。在科尔伯格看来，角色承担具有下面四个方面的含义：①它既强调认知方面，又强调情感方面；②它涉及自我与他人之间的一种有组织的结构关系；③它包含着理解在社会中的各种角色并把它们联系起来的过程；④它强调进行所有的社会相互作用和交际情境而不仅是唤起同情和移情的情绪。个体的角色承担发展为其道德发展提供了必要条件。高职院校学生作为即将步入社会的成人已经具有较强的角色承担能力。学生从学校到企业角色承担需完成一系列的转变，在企业环境下，学生承担着企业人职业人和社会人的角色，这种角色的承担使学生需要学会如何处理在这种环境下的各种问题。作为一个企业人，他需要遵守企业的规章制度，学习企业的专业技能，融入企业的主流文化；作为一个职业人，他需要遵守职业道德，培养职业情感，完成职业任务，获得相应的报酬；作为一个社会人，他需要遵纪守法，与人和睦相处，体现个人的社会价值。这种角色的承担较之学校情境下的学生角色更加丰富，比学生的责任、义务更加多样化。而且，在企业中与学生共同工作的带队教师、企业员工此时与学生既有师生、师徒关系，又有合作和伙伴关系，教师、企业员工的角色也发生着转变。正如皮亚杰认为的：活动与同伴合作是道德发展的主要动力，成人、教师及其他社会环境因素的影响必须通过学生自身积极活动与思考才会发生作用。正是在角色的不断转换中，通过角色承担和思考，学生的道德认知、道德情感得到了锻炼，进而实现着道德责任，履行着道德行为，从而在工作中发展个性，发挥才能，实现自我。

再次，学生通过参与作为"公正团体"的企业的生产和建设，能够培养起较强的集体感。公正团体策略的最突出特征就是强调建立一种集体意识。集体是一个规范的概念，它需要高度重视完善的团结和遵守、关心与责任的规范以加强这种集体统一性，学生在实习期间，作为企业的一分子，参与企业生产建设、民主决策，服从企业制度，解决企业发展遇到的问题，与企业同呼吸、共命运，感受市场经济大潮的冲击与洗礼。此时，学生才会真正认识到一人力量之渺小，集体力量之伟大；没有团队的合作与他人的支持，靠单打独斗是很难在当今社会立足生存的。认识到这些，学生才会从内心深处理解集体主义之含义、团结合作之重要，从而自觉提高集体荣誉感，并把这种意识带回学校，影响其他人。

最后，校企联合模式下所蕴含的隐性课程对学生将产生潜移默化的影响。隐性课程即正规课程之外并非教师有意设计的学习内容。隐性课程具有潜在性、累积性、迟效性和持久性等特点。对德育来说隐性课程的作用非常之大。在校园中，德育直接影响存在的领域主要是学校课程、学校制度、校园文化。而对于校企联合办学的高职院校，德育的领域还会扩大到企业本身、企业文化甚至其他社会领域，德育的作用场合扩大了，学生受到德育影响的隐性课程也无形中增加了。而增加的德育场的作用力方向有时是一致的，有时是不一致的，当德育方向一致时，有利于学生道德品格的形成，而方向不一致时，需要学生在矛盾中自己作出判断，这种在实践中的道德价值判断，比单纯在学校里受到的锻炼要多得多。另外，企业文化中先进的经营理念、严格的管理机制、积极向上的文化氛围、强烈的团队合作意识以及优秀人员的高尚情操无疑会对学生产生积极的影响，尤其对校园文化建设会产生极其重要的促进作用。

（三）校企联合对高职院校校园文化建设的作用

建设具有高职院校自己特色的校园文化是其德育工作的重要方面。高职院校的德育工作，可以发挥与企业联合办学的优势，充分挖掘、利用好企业的德育资源，为自己的校园文化增添特色。这不仅使学校德育工作有内容、有特色、有实效，而且能够收到"近水楼台先得月"的事半功倍的效果。

通过校企联合的模式，利用企业资源，高职院校不仅可以在一定程度上解决其办学资金不足、实训设备短缺、师资力量匮乏的问题，而且也为学生个性发展提供了空间，增强了其主体意识；与就业相结合的实习机会消除了学生的后顾之忧，使其以更充沛的精力投入学习和工作；丰富多彩的校园文化和独具魅力的企业文化充实了学生的业余生活，增强了学生的文化底蕴和社会适应性，很大程度上弥补了高职院校工作人员数量的不足。校企联合的优势尽显出来，因而有必要对校企联合德育策略进行开发。

三、高职院校校企联合德育模式开发

充分利用校企联合的办学优势，开发企业德育资源，可以为高职院校德育工作开辟出一片新的天地，为其他院校提供可以借鉴的德育模式，以提高德育的实效性。

（一）高职院校校企联合德育模式的实践基础

校企联合德育模式本质上就是一种活动道德教育的实践途径，只不过它是结合了高职教育特点，利用了高职院校的办学优势而走的一条自主开发德育策略之路，因此，就活动道德教育策略来说，国内外已经具有了丰富的实践基础。这里我们就不再赘述。下面我们从职业教育中德育的角度来探寻高职院校德育策略的实践基础。

从比较的角度看在欧美许多国家的大学中是没有正规的理论性德育课程和专门的德育活动或活动性课程的。但欧美大学有通过诸如"普通教育课程"及其他各学科教育与教学而间接地对学生施加影响的"潜在的德育课程"，更有在学生参与的一切校内外活动中使学生获得道德成长的重要途径；此外，在欧美大学中，像我国高等学校内设立的"学生管理工作"基本上由学生自己负责。例如从学校的学生宿舍管理到食堂管理，甚至商场、娱乐场所的经营管理均由学生自己负责。学生正是在这些学习与日常生活的活动中，学会社会生活，获得道德成长。另外，欧美一些学校很重视在专业教育中进行道德渗透。美国一些理工科大学在专业教育中进行道德渗透做得比较突出，他们的经验值得我们借鉴。其方法是：对任何一门主修的专业或技能都要从历史、社会、伦理学的角度进行学习和研究。对每一门专业课程或技能的学习都要对三个问题做出回答，即：这个领域的历史和传统是什么？它所涉及的以及将要涉及的社会和经济问题是什么？面对哪些具体的伦理和道德问题？例如，美国许多大学的计算机科学系的学生，要学习技术史和信息革命的影响等课程；学习工程的学生必须考虑社会环境和自然环境的问题等。美国大学的教学实践结果表明，高职院校对在专业教育中进行道德渗透这种教育方式是乐意接受的。显然，通过这样的方式进行专业教育，更有利于学生的专业水平与道德水平的共同提高，从而实现教育的目标。当然，在专业教育中进行道德渗透的做法，从德育的角度看，其不足之处主要是道德教育缺乏系统性。

德国职业教育的主要形式是校企合作的"双元制"职业教育，"双元制"意指青少年既在企业里接受职业技能和与之相关的专业知识培训，又在职业学校里接受职业专业理论和普通文化知识教育。这是一种将企业与学校、理论知识与实践技能紧密结合，以培养高水平的专业技术工人为目标的职业教育制度。"双元制"的一元为职业学校，一元为企业，两者合作办学。"双元制"学校的教师有两类——实训教师和理论教师。实训教师是企业的雇员，理论教师是职业学校的专业理论教师和普通文化课教师。学生有两种身份——企业学徒和职业学校学生。因此，"双元制"职业教育中培训企业和职业学校的"两元"，互为依存，相辅相成，缺一不可。在整体培养目标上，合二为一；在具体的培训过程中，一分为二，表现出明显的"双元"属性。这种属性也为德育提供了方便。

在美国教育中把我们通常意义上的德育内容看作是同职业技能和社会技能密不可分的。普通教育和职业教育中的德育与专业和技能教育是一体的。我国目前的高职教育虽然不完全同于德国的"双元制"职业教育，但有许多相近之处，对于一些校企结合紧密的高职院校来说，有些类似"双元制"教育。因此，我们可以成功借鉴德国"双元制"和美国德育与专业和技能教育一体的成功经验，充分利用校企联合的优势，进行德育工作。

我国高职教育虽然起步比较晚，目前来看与普通高等教育还有一定的差距，但从职业教育的特点看，它有着自己独特的发展空间。尤其是目前高等职业院校几乎都有着自己的联合办学单位，而且有的学校就是企业或者行业办学，学校与企业和行业的发展密切相关，与社会主义市场经济结合紧密，它独特的发展优势是普通高校所不能比的。"素质教育"理论和"终身教育"理念的提出和实践，为高职教育提出了新的要求。我国有许多高职院校都在实践着以德育为先的素质教育理念，校企联合作为其办学的主要形式自然会被作为德育工作的阵地，起到重要的作用。

（二）高职院校校企联合德育模式开发

校企联合是高职院校的主要办学形式，其实践性和职业性的特点在专业教学中得到充分利用，借此成为高职教育的优势所在。但这种办学模式的德育价值还尚未完全开发利用，至今仍是高职院校德育工作的遗憾。但校企联合的模式并不意味着高职院校可以忽视自身的德育资源的开发，反而更应该加强，尤其是在自身比较薄弱的师资投入和人文素质教育方面，更应该加大力度，这样才能够实现校企合作，相互呼应，达到从形式到内容的真正融合，起到共同育人的效果。基于此，我们认为应从以下几个方面实施德育策略。

第一，高职院校应加强与企业的合作力度，增强办学实力，提倡专业建设合作与德育合作并重。校企联合办学，发展"订单式"教育，高职院校到企业实习进而毕业后留企业工作，这既缩短了学生步入社会的时间，为就业提供了保证；又提高了高职院校的信誉，为学生的助学贷款提供了信贷保证。虽然目前各社会银行还未开通高职院校信贷业务，但校企联合的模式无疑会加快这一进程。而且企业也可以为学生提供助学金或奖学金，帮助学生顺利完成学业，增强学生的感恩意识，今后会更好地为企业作贡献。从我国接受高职教育的学生家庭背景看，处于中低收入人群的比例要比接受学术性研究型普通高等教育的学生高。如果能对部分困难的高职院校学生实施银行贷款或企业提供助学金，高职院校能解其燃眉之急，这无疑会提高学生的信心，并从经济上解决学生的后顾之忧，稳定情绪，使学生能全身心地投入学习和生活之中。

长期以来，我国在家庭消费中基本没有教育费用支出这一项，即使有也从来没有像今天这样投入这么大的费用。其实教育已经像花钱买东西一样，成为家庭必不可少的消费内容。从某种意义上说，花钱上学也是一种投资，这种观念已经被大多数中国家庭所认可。校企联合在一定程度上解决了学生及家庭的后顾之忧，使他们充满希望地走进高职院校的大门。另外，校企联合不能仅限于学生的专业教学和技能训练，同时也应重视学生的德育，重视德育资源，利用德育是一个长期性、系统性的工程，因此校企联合不能临渴掘井，更不能有短期行为，而应当是经常性的、紧密性的、协作式的。为此，学校和企业应经常就学生的日常表现、思想动态等一些问题进行沟通，及时了解学生出现的各种包括专业和思想在内的各种问题，做到发现问题及时处理。要防止对于学生的管理和教育学校和企业相互推诿，都管也都不管现象的出现。企业还应做好实习学生的日常表现记录，以便把学生实习情况全面细致地反映给校方，使校方能有针对性地解决学生在实习过程中遇到的各类问题。企业方带学生实习的员工应注意，不仅在专业技能方面对学生加以指导，还应时时处处作为学生的表率。因为作为学生步入社会工作的第一站，周围人员的一言一行都会对学生今后的工作态度产生影响。所以，企业员工也必须注意言行，为人师表。

第二，高职院校教师应适应角色转变，与学生建立新型的师生关系。师生关系顾名思义就是指教师和学生之间的关系，它可以从广义和狭义的多重意义上来理解。广义的师生关系是指社会上个体之间的相师相学的关系。孔子说"三人行，必有我师"，所说的师生关系是指广义的师生关系。狭义的师生关系是指在特定的教育结构中表现出来的教师和学生之间的社会关系和人际关系。从纵向关系来看，师生关系具有不同的层次，即特定的工作关系、自然的人际关系和深层的社会关系。高职院校必须建立良好的师生关系，因为师生关系会直接影响学生人格的形成。

高职院校的师生关系具有一定的复杂性，这是由高职院校职教特点和师资要求决定的。"双师型"教师既有较高的理论教学水平，又有规范的专业技能培养指导能力，精通专业理论知识和操作技能的联系及规律，"双师型"教师除具有一般院校教师的标准外，他们同时还应具有教师资格证书和相应的中级以上技术等级证书的能力。教师与学生的交往除正常课堂教学交往外，还有在技能实训中形成的师徒合作关系、"参谋和伙伴"等多方面的关系。如前所述，这种关系将对学生的思想产生重要影响。因此，高职教师必须调整思想，转变观念。

由于高职教育发展的特殊性，高职教师要在教书育人、服务育人、管理育人（三育人）中完成一系列的转变。首先，要完成认识的转变。高职教育具有两重性：它属高等教育范畴，同时有鲜明的职业特色。这就决定了高职教育中的"三育人"工作必须既重视思想道德素质教育，又重视能力素质教育，如：专业技能、社会活动能力、适应能力、管理能力、创新能力、获得信息的能力、心理承受能及竞争能力等各方面能力的教育和培养。其次，要完成角色的转变。教师仍然具有"传道、授业、解惑"的任务，但其内涵应有新的拓展。传道，要紧密结合学生能较多地接触的社会生活而进行；授业，除了教好学生基本理论知识外，更要注重能力知识的教育和引导；解惑，要紧贴高职院校的思想、心理特点，加强针对性。通过教师有效地工作，促使学生的学习积极性得到更充分的发挥，对自己所要掌握的知识技能更明确。由于高职教育的社会性实践性特点，使得教学过程打破了封闭在学校内搞教学的模式，而有相当的内容是在校外进行实习、实训。因此，管理和服务育人，更多的工作是指导学生如何适应各种教学环境，如何加强自立能力的培养，如何学会在干中学，如何处理突发性事端，如何处理好人际关系等。再次，高职教师还要完成方法的转变。由于教学环境的相对变化和多样性，"三育人"工作在时间和空间上也应作相应的调整。育人的内容要因时制宜、因地制宜、因人制宜，育人的方法也要因势利导、灵活多样，要抓好时机、好条件、好教材来教育学生。同时要特别教育引导学生加大自我管理、自我教育、自我服务的力度，使他们在"三育人"中培养能力、受到教育、增长才干。最后，要完成态度的转变。要注重感情投入，体现人本主义教育管理思想，强化学生是学校主体的理念，高职院校的教师和管理者要站在学生的角度，设身处地为学生考虑，让学生感觉到学校所做的一切，所进行的一切都是真正地为了他们的将来和健康成长，为了他们以后更好地适应社会。许多高职院校学生在过去的初高中学习中，经历过太多的失败，他们带着低落的情绪来就读。入学后，他们对自身评价不高，有较强的失落感，所以教师就要对他们多加关爱，鼓舞他们的信心和激发成功的欲望，情理交融，能起到好的效果。另外，由于高职院校交学费高而国家投入少，有"我们是交费上学的"思想，在许多方面对老师和学校教育管理的态度与其他普通高校的学生相比就有所不同，有的甚至苛刻，所以要充分重视情感的交融、思想的沟通，在教育管理的同时，更应强调服务的意识，把学生真正看作是学校的主体。总之，高职教师要充分做好学生的"引路人、示范人、合作人"，真正把高职院校学生培养成为深受企业欢迎的、思想素质好、业务精的技能型人才。

第三，校企联合的德育策略要走人文素质教育之路。人文素质教育就是通过知识传授、环境熏陶以及自身实践，将人类优秀的文化遗产内化为人格、气质、修养，成为人的相对稳定的内在品质的过程。从德育教学目标和本质来看，德育和人文素质教育是一致和相通的。高职德育的基本内核就是人文素质教育。人文素质教育是校企联合德育的基础。这里需要特别说明的是，高职院校德育建设以人文素质教育为本，也是由高职教育的特点所决定的。高职教育是为了培养理论联系实际，有较强实践能力和就业弹性的人才，这就决定了高职教育的教学模式是"能力本位"模式，也就决定了高职的课程设置应遵循"以能力为中心"的原则。

高职院校的德育走人文素质教育之路就是要教育学生理解人的使命和归宿，促进学生个体的完善和道德的提升，使学生正确认识和处理人与自然、人与社会以及自我与他人的关系，培养学生的真、善、美的理念。以此为基点，培养学生树立正确的世界观、全心全意为人民服务的人生观和无私奉献的价值观等。正是通过人文素质教育德育工作才能激发学生的创新观念和创新欲望，使他们懂得做人的道理，培养他们的奉献精神和爱岗敬业的职业道德，从而促进他们的认知能力、情感能力和实践能力的形成。在校企联合办学的模式下学生才能更深层次地把握校园文化和企业文化，尤其是对于从小到大都在学校这个单一的环境中长大的学生来说，深厚的人文底蕴，有利于学生在没有或少有企业工作生活经历的前提下，更深刻地理解和把握企业文化；良好的个人修养，有利于学生初入企业和社会就以其出色品行赢得好感。因此，是否具有良好的人文素质决定着学生能否走好人生进入社会的第一步。高职院校德育只有走人文素质教育之路，才能贯彻高职教育"能力本位"的原则。况且企业也能为高职院校提供更多的人文教育素材。因此人文素质教育是校企联合德育模式的基础性环节。

第四，充分利用校企联合的德育资源，创造性地开展德育工作。高职院校可以充分利用企业的德育资源开展德育工作，形成自己的特色。学校的今天就是企业的明天，今天学生的素质如何决定明天企业的兴衰，学校德育工作要根据企业的需要，着眼于未来企业职工的素质要求开展教育，借此形成高职院校自己的特色。

在校企联合的德育模式中还应注意：第一，由于各高职院校联合办学的企业各不相同，所以在实施这一策略中，高职院校应结合与自己联合办学的企业特点，针对性地开展道德教育，不能一味追求统一，要创办出适合自己院校和企业特点的德育模式；第二，与高职院校合作的企业一定不止一家，要注意区分它们的层次与特点，并加以总结，科学理智地开展校企合作；第三，在合作过程中，企业和社会的一些不良因素会影响学生的思想，但不能就此怀疑这种德育模式，而应对学生及时加强教育，帮助学生客观平和地看待这些问题。

高职院校从综合素质上，普遍与普通高等院校存在着差距这已是不争的事实。但随着我国高等教育的发展，高职教育将成为我国高等教育中一个重要组成部分。在我国目前中等教育尚未完全摆脱应试教育的影响下，有相当一部分学有所长术有专攻的学生由于各种原因不能直接迈入普通高校的大门。高职教育为他们提供了一种可能性。因此，我们必须提高认识把高职院校的全面发展同国家的发展和社会的稳定结合起来，把高职院校德育工作放在突出位置。

第二章　互联网时代下高职院校的德育工作

互联网正在改变着人们的工作和生活方式，也在改变着教育和学习的方式。运用信息技术于学校管理和教育教学，已成为学校改革的重要内容。

第一节　高职德育工作的挑战与机遇

互联网时代下，德育工作既面临着历史的机遇，又面临着严峻的挑战。高职院校应该积极面对，充分利用，正确引导，科学管理，提高网络环境下德育工作的实效。

一、高职德育工作面临的挑战

（一）对意识形态部分防御能力的挑战

互联网作为一个自发的信息网络，它没有所有者，不从属于任何人、任何机构。在互联网上，用户可以得到各种各样的信息，而且没有经过以特定意识形态为标准的把关人的翻译和删除，用户可以全面地了解对方文化的各个方面。互联网的文化传播比传统媒介更频繁、更直接、更广泛。但互联网的这一优势并没有使异质文化之间的沟通更有效，传统媒介在国际文化传播中的不平等现象在互联网上表现得更突出。因此，如何提高意识形态的防御能力，是今后学校德育方面所面临的重要课题。

（二）对道德价值导向能力的挑战

一方面，互联网拓宽了人类的交往空间。网络技术形成的虚拟社会深刻地改变了人与人、人与社会的关系。在"网络社会"中，网民可以伪装或隐匿自身的真实身份，可以不承担义务和责任，可以不受传统道德规范的约束而无所不为。在"网络生活、网络经济、网络政治"中的行为主体的道德规范已很难再用传统意义上的道德观念来衡量和检验了。网络不断改变人的思想观念和价值取向，"网络社会"的游戏规则正在动摇传统社会的道德基础的行为准则。另一方面，随着我国改革开放的深入，我国传统的道德规范和道德原则出现了多义性、多变性与多元性。我们的精神领域已经受到了影响，尤其是拜金主义以及冷漠、残酷的人际关系等也在侵蚀我们的年轻一代。互联网正把人类带向多元世界。引领纷繁复杂的世界文化对待德育在价值观念上的导向，把握一元化的价值目标，增强学校德育的功能，是学校德育今后面临的又一难题。

二、网络时代职业院校德育工作的机遇

互联网给学校德育带来严峻挑战的同时，也带来了机遇。

（一）网络使学校德育工作突破时空的限制

第一，网络的介入，使学生群体的生存环境发生了不以人的意志为转移的变化。全球超过数十亿台的计算机连成了一个无所不包，无处不在的神奇之网，数以千万的人在网上工作、学习。在未来几年中，中国上网的主流将是学生群体。

第二，德育工作的时空发生了变化。传统的德育工作，主要是在学生上学时间内通过学科渗透这一主渠道。今天，教育的时空由于网络得以延伸，不再拘泥于人数众多的课堂，也不必占用学生的课余时间。

第三，学校德育内容得到了扩展。传统的德育工作，有其专职的德育工作者，以及有限的德育工作形式。德育工作者自身的局限性毋庸置疑，且工作延续的时间长，学生的自信心、成功感反馈慢，从而增大了德育工作的难度。互联网的兴起，为现代教育的发展提供了广阔的空间，能把世界上所有著名图书馆的图书搬到每一个学生的面前，供他们自由检索和选择。极其丰富的空间，吸引了学生也增强了德育工作的实证性。在网上，学生可以获取大量的信息，通过有效地分析、参与、整合、创新，很快便有所获。这对增强他们的自信心以及对现代科技的热情都大有裨益。无疑，网络技术的支撑，提高了学校德育工作内容的存量。

（二）网络空间的自主性为主体性道德思想确立提供了机会

在网络中，学生的主体性得到充分的体现。而培养学生的主体意识，提高学

生的自主性、积极性、创造性等方面的品质与能力也是职业学校素质教育的核心。主体性道德教育思想在网络时代的确立，对职业学校道德教育具有现实而深远的历史意义。在网络时代，岗位的科技含量越来越高，更新也越来越快。网络的自主性，给陈旧的观念以更新的机会，为培养有自主精神的应用型人才增加一种方法和渠道。

第二节　加强高职德育的意义

高职德育既有各类学校一般德育的共性，又有高职院校自身的特殊性。对高职学生进行德育工作，必须从高职学生的实际出发，根据其特殊性，抓住德育契机，真正将德育渗透到高职学生学习生涯的全过程。

在改革开放和完善社会主义市场经济体制的过程中，高职德育工作面临许多新情况、新问题。从教育对象的特点来说，高职学生仍处在思想品德形成发展的过程中，具有较大的可塑性，是进行德育的好时机。从高职学生所处的社会环境来看，他们处于一个矛盾的甚至无所适从的心理状态中。在当前和今后相当长一段时间内，经济社会发展面临的矛盾和问题可能更复杂、更突出，也给学生心理带来巨大的冲击。

在网络时代加强高职德育，是应对国际意识形态领域斗争的需要。在现实生活中，经济全球化、政治多极化、文化多元化对高职学生思想品德的冲击很大。从某种意义上说，教育是国际竞争的制高点，而教育中的一个核心工作就是德育。21世纪对人才的要求不仅要知识丰富、能力强，还要具备良好的品德、丰富的情感和健康的心理，即德才兼备，全面发展。在网络时代加强高职德育，是教育引导高职学生健康成长的需要。在市场经济体制建设过程中，一些不正确的价值观对学生有一定的负面影响。高职德育还没有像智育那样形成一套科学化、系统化、规范化和相对稳定的体系，因而成为"软任务"。因此，在高职院校要真正使德智体美劳五育并进应以德为先，使其在实际操作过程中落到实处，就必须高度重视高职德育。我们一直高度重视德育工作，高度重视以科学理论来促进学生健康成长。在网络时代，我们既要向学生传输马克思主义及其中国化的基本理论，更要运用网络工具，贴近学生思想实际，体现时代性、把握规律性、赋予创新性，真正使德育工作取得实效。

第三节　高职德育实践科学路径

以社会主义核心价值观为引领，以培养"爱祖国、爱劳动、爱学习""德艺双馨"的技术技能人才为目标，建立一切以学生为中心的实践育人模式。确立"品格+知识技能+才艺"的人才培养具体目标，以懂得做人、操守廉律、技能精卓、一专多艺作为学生的培养目标，从校园教育、管理、服务工作实际出发，从实践育人工作机制、课程内容、职业实践、信息管理、工作队伍、行为养成与考核等多方面入手，全方位开展育人工作，以实现学生的全面发展。

一、开展"为人民服务工程"培育和践行社会主义核心价值观

通过丰富多彩的校园文化活动与志愿服务活动，潜移默化地影响学生的思想、言行、作风，切实引导高职学院学生将为人民服务思想内化于心、外化于行，践行社会主义核心价值观，促使学生思想道德素质和自身文明程度全面提升。

（一）全方面贯彻为人民服务思想

从人才培养方案到教案、课堂、学生活动等多方面开展为人民服务思想教育。在思政课程教学中，从听、说、看、读、写、察六条路径开展为人民服务思想专题教学。打造学生系列品牌活动，使为人民服务思想走近学生活动。实行学生"自我管理自我服务、自我教育"，采取社团化运作模式，开展主题教育活动，使为人民服务精神内涵在广大学生参加各项实践活动中"入耳""入脑""入心""入行"，实现以活动教育人、以活动鼓舞人、以活动引导人，打造校园公益服务品牌项目。

（二）召开专题研讨会，积极申报科研项目，弘扬为人民服务精神

召开师生为人民服务精神专题研讨会，弘扬服务人民、助人为乐的奉献精神；

弘扬干一行爱一行、专一行精一行的敬业精神；弘扬锐意进取、自强不息的创新精神；弘扬艰苦奋斗、勤俭节约的创业精神。开展"弘扬为人民服务精神，践行社会主义核心价值体系"主题征文比赛活动。组织申报为人民服务思想政治教育研究项目，围绕"高职学生如何将所学专业技能知识与为人民服务实践活动相结合"展开研究。

二、建立以"人的全面发展"为目标的学生德育"显性+隐形"课程体系

（一）建立"岗证课一体"的德育显性课程

建立思政课、就业指导课、"力道"课、德育课、学生工作实践学分、劳动实践课程学分于一体的德育显性课程体系。对于未达到学分的学生辅导员要进行预警提醒，纳入学分的毕业资格审查范围之内。其中学生参与宿舍区域的劳动实践纳入社区管理"自我服务"的基本内容，由社区管理服务中心考核实践效果，按志愿服务活动进行奖惩处理，不需要重复登记和审核学时、学分。

（二）建立融"指导、实践、养成"一体的德育隐形课程

德育隐形课程包括养成体系课程与实践体系课程两个方面，其中养成体系课程为诚信银行管理、学业预警管理、学生创新项目等。实践体系则包括大学生事务服务中心、大学生新闻中心、大学生督导中心、大学生志愿服务中心、大学生形象指导中心等。通过融合指导、实践、养成的显性课程与隐性课程，促进学生自我意识的提升，帮助学生在知、情、意、行诸方面协调发展，提高学生的社会适应能力。

三、"互联网+"大数据，建立全方位、全过程的行为养成与考核管理体系

（一）构建一个可视、可控、可持续改进的开放系统

全程记录学生在校信息，通过计算机网络实现学校员工、学生家长、用工单位的信息共享，充分利用育人资源；多点采集学生信息，形成信息终端（辅导员），

全员参与，工作责任主体明确的格局。收集来自专业教师、辅导员、学工处、保卫处、后勤集团、宿管中心、学生社团、实践企业等多个评价主体的信息，更全面地掌握学生的信息，发现学生的问题，能更有针对性地、更细致地开展工作，帮助学生顺利成长。

（二）利用"诚信银行"积分对学生进行量化的行为养成与考核

（1）学生行为养成管理平台。将"CRP 管理系统"融入人才培养全过程，要求从学生一入校就为每个学生建立各项教育管理规范，并将学生在校的所有表现、取得成绩详细地记录在信息平台，给予学生从入学到毕业全过程、全方位的关照，促进学生形成受用一生的良好素质，为学生提供可以终身受益的财富。

（2）学生"诚信银行"积分平台。利用"诚信银行"积分，将内化的德育教育用量化的德育实践活动来表现。"诚信银行"具体设置项目分为加分项目与减分项目，比如学生不文明行为、迟到旷课等为减分项目，学生在校参加各项活动及获奖等为加分项，要求每名学生每年诚信银行积分不低于 600 分，三年不低于 1800 分才能毕业，实现德育的知行合一，培育德技双馨的现代职业人。

（三）利用"CRP 大数据"为学生提供个性化服务与管理

通过 CRP 建立并利用的"大数据"，在学校时空范围内覆盖全体学生和贯穿学生三年，通过组合、比照能表达学生状态特征的数据，为学生制定和实施个性化的管理方案。

（1）利用"大数据"解析学生。个性"CRP"系统中的学生个人信息及学生电子信息档案，解析学生个性，如在学生电子信息档案中有学生生活月志、诚信积分情况、生涯规划管理、参加校内外实践情况、获取资格证书情况、学习生活建议、图书馆资源利用情况、学生消费信息以及就业去向等栏目，老师通过查看学生电子信息档案能够解析学生性，为更充分地了解学生提供个性化、人性化的管理打下基础。

（2）通过"大数据"制定和实施个性化的管理方案，管理者们能够看到学生情况监控内容：①学业情况管理：如成绩有不合格学生比例、工作实践学分未达标准学生比例、顶岗实习评价不合格学生比例、参加创新项目学生比例、毕业设计优秀与不合格学生比例。②行为养成管理：旷课、请假、早退、迟到、晚归学生比例、受表彰、受处分学生比例等。③成长成才服务：勤工助学、参加社团比例等。④工作记录：预注册与未注册人数、贷款逾期与即将到期人数等。⑤突发事件：辅导员、宿管员、特勤员报送突发事件数等。通过以上数据，管理者能够制定和实施个性化的管理方案。

通过学生工作分析报告，可以针对具体问题设计具体方案，比如管理者在系统中针对"寝室熄灯情况"设置"学生月志问卷调查分析"，通过学生晚上通常什么时候睡觉，熬夜的主要原因等问题设置，便于了解学生晚归晚睡及早上迟到等情况原因，为实施关灯断电断网等措施提供数据基础。

四、依托"大数据"实现对学生个性化的人文关怀

在"CRP"学生信息系统中包括：我的资料、我的学习、我的诚信银行、满意不满意、合理化建议、学生事务申请、督导日志、博客、学生荣誉维护、毕业纪念册等栏目，由学生自己针对实际情况进行填写，辅导员通过查看学生电子信息实现对学生个性化的人文关怀。

五、以校园生活为主线，构建职业实践活动体系

（一）基于校园生活实景设计实践情境，建设好大学生工作实践型社团

职业实践型社团是大学生社团的一个重要组成部分，是学生基于共同的兴趣、爱好、志向等因素自发组织的具有很强职业导向性的学生社团，对提高学生实践能力、稳定学生专业思想、提升学生职业素养都能起到重要作用。学校基于实际，设计生活（道德）实践情境，暑期社会实践、兼职社团、大学生艺术团、勤工助学社团等。要求每个学生从进校起，至少参加一个大学生工作实践社团，在三年的学习期限内，必须完成不低于7个工作实践学分。

（二）将大学生劳动实践学分纳入人才培养方案，开设实行劳动实践课程

采用校内劳动实践课程学分制，学生参与校内劳动实践的学时、学分均应按

要求上传到学生实践管理系统，由辅导员进行审查。对于未按时、按量参加校内劳动实践的学生，辅导员要进行预警提醒，将其纳入实践学分的毕业资格审查范围之内。学生参与宿舍区域的劳动实践纳入社区管理"自我服务"的基本内容，由社区管理服务中心考核实践效果，按志愿服务活动进行奖惩处理，不需要重复登记和审核学时、学分。对于未达到学分的学生辅导员要进行预警提醒，将其纳入学分的毕业资格审查范围之内。

六、依托企业文化，提升职业素养和人文素养的文化校园

将企业文化创造性地运用于教学、实训等环节，使学生在校期间就能接受企业文化熏陶，形成正确的职业理想、职业态度、职业道德与职业人文素质。通过校企合作等渠道，开展丰富的职业实践活动和社会服务活动，激发学生职业兴趣，引导学生精研专业技能，最终引导学生形成正确的就业观念，使其能够积极主动地就业、创业。挖掘本土地名和人文故事，举办"家乡美"征文比赛和主题演讲，引导学生感受身边文化；主动引导融入校园文化特色活动；将本土文化教育资源引入课程建设；丰富校园文化内容，提升校园文化的区域适应能力。搭建先进装备制造行业、新能源行业文化教育的有效平台，让学生尽早了解行业，自然融入现代行业文化的环境氛围中去，完成从"学校学生"到"行业员工"角色的平稳过渡。

第三章　高职院校创新创业教育

当前的高职教育，更多是着眼于当前的社会劳动需求，以个体为对象是一种以学生所在岗位的社会地位以及在岗位上取得的成果为价值取向的教育。这种教育下培养的学生能够暂时适应社会的需求，但无法应对瞬息万变的社会形势。因此，大力开展创新创业教育，不仅是整个社会发展内在动力，也是高职教育改革发展的内在要求。创新创业教育对于优化高职院校创新创业教育模式，帮助学生树立创新创业思想，应对瞬息万变的社会就业形势，具有重要的意义。

第一节　创新创业教育的概念与特性

一、高职院校创新创业教育的概念

从"创新"角度来讲，根据著名经济学家约瑟夫·熊彼特的观点，"创新就是生产要素的重新组合，将新机制引入生产体系，建立一种新的生产函数"。从"创业"角度来说，依据管理学家彼得·德鲁克的观点，"创业的本质是在于要在组织中建立新的生产函数，创业不是重复，而是创造，创造新的满足、新的组织模式"。可知，创新与创业是一脉相传、不可分离的。创新创业教育是以"创新""创业"为主体的教育，但不能将其简单地理解为二者的相加，而是以对二者的研究为本，融合素质教育、职业教育等多种教育理念，科学提出的全新教育理念，是一种培养基础性和通用性才能的公共教育。高校创新创业教育开展的目的不仅侧重于技能的提升，而是通过创新创业教育的实施，来提高学生的综合素质，既包括思维方面的优化，也囊括实践方面的提升。换句话说，创新创业教育作为一种新型的教育模式，创新创业教育培养的不仅是自主创业者，还包括以自己岗位为依托，能够实现岗位创新的"岗位创业者"，是培养懂创新、能创新以及会创新的人才的教育。

学校类型的差异、受教育群体的不同，对于如何开展创新创业教育都会产生影响，高职院校创新创业教育作为创新创业教育的一个重要组成部分，有其独特之处。对于高职院校来说，创新创业教育是以高职学生专业技术水平较高的特点为出发点，在加强专业基本理论和基本技术教育的同时，通过培养学生创新创业意识、知识、能力的系列创新教育活动，帮助学生掌握科学合理的知识结构，培养学生具有创新创业的意识、开拓思维，助力学生塑造良好的品质，全面提升学生的创新创业能力。

二、高职院校创新创业教育的特性

高职教育拥有区别于其他教育的特殊性在于：一是在培养目标上，具有职业定向性。高职教育旨在培养生产、服务和管理第一线的应用型高级技术人才，培养的是一岗一才的专才，具有明确的价值取向。二是在教育教学方面，强调教育教学的实践性，围绕实践组织教育教学活动、以实践为基础进行相关研究分析。同时理论学习的目的性更强，是为实践服务的。三是在教育教学过程中，高职教育具有开放性的特点，由于其人才培养目标的特殊性，高职教育不是提供一成不变的、封闭在固定体系中的"知识"教育，而是面向就业市场和岗位要求来实施的、提供一切可能的动态教育。这要求高职院校在教育中要保持开放的理念，才能促进高职教育的不断进步。四是在高职教育服务面向区域方面。高职教育的产生背景，决定了在培养过程中，要以地方发展需求为出发点来进行人才的培养。

创新创业教育是在社会大发展的背景下产生和发展起来的，不仅表达着与时代背景相契合，与社会态势相一致的教育理念，还与高职教育特殊性相契合。高职院校创新创业教育的特点主要表现在以下几个方面。

第一，高职院校创新创业教育强调创新性。高职院校培养的是技术应用型人才，技术应用型人才是社会财富的直接创造者，是社会运行过程中的具体执行者。在社会化大生产的今天，对人才的创新能力提出了新要求，尤其是对第一线的技术应用型人才的创新能力提出了更高的要求，因此，在开展创新创业教育过程中，要注重在传统的基础上创新。在教育内容上、教育方法上要求变求新，更加强调促进学生的个性化发展。学生个性的培养，不被传统的教育模式局限，这样才能培育出贴合社会发展需求的具有创新思想、创新能力的人才。

第二，高职院校创新创业教育强调实践性。高职教育属于技术应用型教育，实践性既是高职教育的特点，也是其较之其他教育类型的优势，因此在高职院校开展创新创业教育，不仅注重意识的创新性引导、同时强化高职院校的实践优势。在开展创新创业教育的过程中要重视实践教学，培养学生具有将意识创新转换为行为创新的本领。

第三，高职院校创新创业教育强调开放性。创新创业教育讲求一种创新的理念，要想创新，离不开交流与合作，离不开开放，同时高职教育作为衔接职业教育与社会就业的纽带，必须具有开放性的特点。因此，高职院校创新创业教育要强化开放教育的理念，让教育的开展不仅仅局限在校园当中，使教育在更大范围内接触社会，使人才培养以社会需求为基础，以顺应社会发展现状为基本，使受教育者通过感受社会需求来提高其经受考验的能力。

第四，高职院校创新创业教育强调社会性。高职教育是源于区域经济和服务面向区域经济的教育，其与社会关系最为紧密，因此，在高职院校开展创新创业教育，要强调其社会性，要充分认识到创新创业教育是一项庞杂的社会工程，必须有全社会的参与，既包括高校开展创新创业教育的投入，也包含政府的支持以及良好的社会氛围推动其发展。创新创业教育的社会性还体现开展创新创业教育对于减轻社会就业压力、促进经济发展具有其独特的现实意义。

第二节　创新创业教育的目标与内容

一、创业教育的目标

创业教育的目标应是立足于对学生的理论和实践教育，提升学生的创业意识、创业精神以及创业能力。具体来说，创业教育的目标应当是通过理论知识的传授，培养学生的创业意识，进而培养出他们较强的创业能力，使其具有高度的社会适应能力，并在激烈的竞争中不断发展潜力，为顺利开展创业活动、最终实现自己开创性事业的目标奠定基础。由此，在创业教育的过程中，除了讲授创业相关的理论知识，创业教育教师还要用先进理念和实战机会锻炼培养学生的创业精神与创业技能，从而使学生能独立地立足于社会，并最终打拼出属于自己的星光大道。

创业教育旨在将学生培养成为具备创业知识、创业品质的公民，培养成为具有独立个性、开拓精神的社会变革参与者，部分学生通过创业教育的实践获得自主创业、自谋高职、创新致富的本领。因此，应把培养具有创业意识和能力的创业型应用人才当作创业教育的最终目标。

二、创业教育的内容

（一）创业意识的培养

马克思主义认为，正确的意识对客观世界具有能动作用，创业意识作为一种内在驱动力，其对人的活动具有显著的指导作用，通过创业意识的教育，使学生清楚地认识到，实现自我价值的途径不仅仅是就业，自主创业也可以走出灿烂的人生道路。由此可见，要开展创业教育，首先要培养受教育者的创业意识。

意识是人的个性心理倾向，对人的发展起推动作用，作为创业素质的重要内容，创业意识主要由创业的需要、动机、兴趣和世界观构成，意识对物质具有能动作用，因此创业意识也影响着创业者的动机、态度与行为，对于高职学生而言，创业意识对他们的创业态度和行为影响尤其深刻，其中，使学生树立竞争意识、创新意识、诚信意识、责任意识、敬业意识与合作意识是创业教育的重要任务。在培养高职学生自主创业意识的过程中，要把思想教育工作放在首位，激发他们的创业兴趣和激情，帮助学生端正创业思想，树立正确的创业意识，使他们敢于也乐于创业、善于创业。

（二）创业精神的培养

创业精神的培养不是一蹴而就的，高职院校在开展创业教育过程中应当着重考虑到塑造学生创业精神，使得学生能够在今后的工作中会更有参与性和创造性，使他们踏入工作岗位后能够积极面对各种艰难险阻，能够摆正心态，保持斗志昂扬的精神面貌和百折不挠的意志力。创业精神包括艰苦奋斗精神、团队合作精神、敬业精神、开拓进取精神。

艰苦奋斗是一种不畏艰难，艰苦创业，奋发图强，乐于奉献的顽强精神品质，是中华民族五千年来一直提倡的民族精神，是优良的文化传统。创业过程难免会遇到重重困难与挫折，艰苦奋斗精神是创业者应该具备的素质，当前学生都从小就是整个家庭的中心，家长会包揽所有问题。创业要取得成功，就必须学会艰苦奋斗，积极应对各种困境，把创业中遇到的挫折看作铺路石，这样才能勇往直前。

团队精神是以尊重个人兴趣和成就为基础，协作为精神核心，它所倡导的是全体成员具备一致的凝聚力，体现出个人利益和集体利益的统一，从而促进团队的高效运行。

敬业精神是对某件事情或者职业的热爱而由此产生的全身心投入的状态，是对工作的一种道德要求，其本质是无私奉献。敬业精神体现的是个体在职业领域能够树立主人翁精神，具备高度事业心和责任感，是一种崇高的职业道德，其中培养的是认真踏实、精益求精的工作作风和积极向上的劳动态度，把对工作的付出看作无上光荣，并能够自觉抵制落后思想，以正确的人生观和价值观指导自己的职业行为。

开拓进取精神是一种积极向上的、立志成功的状态。"进取"是怀揣理想，从细微之处出发，立足本职工作，认真做好手中的事，精益求精，从而实现自我价值。创业活动不是一成不变的，它需要根据市场形势不断突破，尝试通过运用各种方法来不断推进创业活动的开展，从而实现人生价值。高职院校进行创业教育，就要鼓励学生敢于突破现状，摆脱传统的思想观念，超越现实。培养学生的开拓进取精神，就要教会学生学会在实践中把握机会，积极争取，自主创业，敢于创业，学会发展自我，挑战自我，拼搏进取，挑战困难，勇往直前。

(三) 创业品质的熏陶

品质对于人的心理和行为起重要调节作用，是在先天因素和后天社会实践的基础上形成的个性心理特征。在创业实践活动中，创业品质包括独立性、克制性、坚韧性和创造性。

独立性。独立性指的是能够独立思考并独立处理各种困难。创业活动是实践性很高的活动，创业者必须要有自己独立的想法，不能亦步亦趋，只有这样才能不被环境左右，做到真正意义上的创新。

克制性。创业活动需要的是不畏艰难困苦，能够努力调节自己的不良情绪，时刻保持清醒的头脑，切勿过于冲动。创业活动总是在成功和失败之间盘旋，果断是创业者所应有的品质，但凡事都要限定在一定范围内，超越一定程度的果断就会成为武断。因此创业者必须调整好自己的心态，当前的成功或失败不能预见未来，不能盲目膨胀，也不能一蹶不振。

坚韧性。通常指为达到某一目标不屈不挠，能够始终坚持自我，面对困难挫折、不公乃至冷遇都能积极应对的心理品质，是创业者难能可贵的品质。创业初期，困难和挫折都是难免的，有坚韧性品质的创业者，他们在困难面前不会轻易动摇，仍始终朝着既定的目标行动。通过培养坚韧性品质，正确引导学生面对困难，树立创业自信心，在创业征程中，把困难看成垫脚石，坚韧不拔才有可能实现自己的奋斗目标。

创造性。创造性指个体所产生独特的、有社会价值东西的能力。独特意味着能认真钻研并做出别人未做过的事，有社会价值意味着创造的东西具有实用价值或道德价值等。创造性以创造性思维能力为核心，创造性思维又以辐合思维为核心。

（四）创业能力的训练

创业能力是决定创业成功与否的关键，体现着一个人综合素质。创业能力主要包含以下几方面：一是领导能力，创业者作为自己的受雇者，同时也是自己企业的领导者，需要带领团队，高效率地作出重大决定，对所处的环境进行缜密的思考与打算，扮演的是一个领航者的角色；二是协调能力，成功的创业者不仅要领导好自己的团队，还需要搞好内部团结，处理好与同事、合作者的人际关系，为创业活动建立良好的创业环境，为创业的成功打好坚实基础；三是学习能力。正所谓活到老，学到老，创业者只有不断学习才能获取最新知识，才能在激烈的竞争中不被社会淘汰。学习的能力包括获取知识的能力和转化应用知识的能力；四是创新能力。当前我国提出的五大发展理念，其创新居于首位，可见创新在推动国家经济发展中重要作用。创新是历史进步的动力、时代发展的关键，为紧跟时代的脚步，不被时代淘汰，创业者必须具备创新的能力才能，立足于实践，不仅要在管理上创新，还要在技术决策上创新。创业教育不仅强调创业精神、创业意识，更重要的是要将这些理念融入创业实践中，在实践中实现人生价值。

第三节　创新创业教育的必要性与可行性

创业是创业者通过努力优化整合所拥有的资源，在具体的创业实践中充分发挥创造力和想象力，培养创新精神，努力克服各种困难挫折，创造出更大经济或社会价值的过程。它是每个人都应具备的关键能力。目前国家无论在场地设备还是资金方面都大力支持包括高职院校在内的各大高等院校进行创业教育。从当前的研究现状看，大多数学者认为有必要对高职院校的创业教育进行深入研究，虽然高职院校是高等院校教育的重要阵地，因其与其他类别院校在人才培养的目标设置上不同，不能简单套用一般院校的创业教育经验，高职院校创业教育主要是培养创业型应用人才，普通本科院校培养的是科技研发人才，通过二者培养目标的对比上可以看出，高职院校创业教育重视实际操作能力的培养，旨在岗位培养创业人才，而一般院校更注重理论的应用。因此，有必要将二者的创业教育区别开，来分析高职院校推行创业教育的必要性和可行性，以保证高职院校创业教育的顺利进行。

一、高职院校开展创业教育的必要性

高职院校开展创业教育是素质教育的进一步深化。创业教育在内容上涵盖健康的心理素质、创业意识、创新能力、合作精神、创业品质的培养，从而提高学

生的创业素质。高职院校开展创业教育不仅可以培养敬业精神、创新能力、学科知识、教师技能等，还可以促进在知识、技能、能力、人格等各个方面的提升，助推高职学生综合素质的整体发展，使学生能够挖掘并发挥自身优势，在未来岗位中融入所掌握的创业思想和创业，从而造就一大批具有开创能力和高素质的人才队伍。

（一）缓解严峻就业形势的要求

从目前中国的就业市场上看，企业、公职单位的人才招聘都明文设定了学历门槛，除此之外，当前社会各界也对高职院校的教学质量存在疑问，归结起来，相对于普通本科院校，大部分高职院校的毕业生就业压力非常大。高职院校学生没有过多地接触社会，因此需要通过学校的创业教育来实现该教育手段和教育方式，由此可以看出，学校的创业教育，包括创业意识、创业精神和创业品质的教育对于引导学生形成良好的就业价值观有着重要的责任。随着我国新常态经济的发展，产业升级急需进行，在如此严峻的就业形势下，培养创业型应用人才将是缓解高职学生就业压力，高职院校更应从学生特点出发，利用自身条件努力推进创业教育。

（二）提高高职院校的核心竞争力的要求

21 世纪国与国的较量是人才与科技的竞争，可以预测，在未来高职院校的竞争中，学生的创业精神、创新能力、创业品质将成为提高各高职院校核心竞争力的重要指标，因此，高职院校在发展过程中，找准自己的定位和目标，准确把握高职院校在教育环境中的位置，才能突出自身优势，办出特色，提升综合竞争水平。高职院校学生的素质教育与创业教育倡导的内容基本一致，高职院校通过推行创业教育养成学生良好习惯，拓展学生思维，不断提高学生的实践能力，为我国高职院校实行开创性发展、提升竞争力提供了方向性指导。

（三）提高高职大学生综合能力、提升自我竞争力的要求

当前，我国正处于经济结构转型期，社会需要高新技术产业，大部分落后产

业逐渐被社会淘汰，因此导致就业机会减少，下岗人员呈增长趋势。随着我国高等教育的深入改革，各大院校开始扩招，这将为社会提供大量劳动力。由于就业岗位的减少，每年都会涌现大批待业的毕业生，而高职毕业生也在这个群体中，因为学历层次低，其就业难度比一般本科院校的大学生更大，因此，当前国家提倡大力支持鼓励大学生群体创业，大学生作为社会主义的接班人，其独特的个性和潜在的创新能力是他们的优势所在。创业带动就业，可以产生出大量工作机会，从而缓解我国严峻的就业压力。同时，随着经济的不断发展，电子商务悄然兴起，旧有的知识体系已无法适应当前教育市场竞争的需求，这就要求不仅要加强专业知识的学习，还应把握时代要求，具备创新能力、整合教育资源等综合素质。

二、高职院校开展创业教育的可行性

（一）高职院校实施创业教育的内部因素

首先，明显的职业技能优势及较强的创业意志是高职院校学生独有的自身优势。

第一，高职院校学生大多成绩不理想，在以成绩论能力的中小学时代，并不突出，在学业知识方面不及普通本科生表现优越，而由于高职教育与普通本科教育不同，高职教育更注重在培养具备必要的理论知识和较强实践能力，培养技能型人才，因大多在教育过程中掌握各自细分专业的相关技能相对高于普通本科院校，大部分高职学生的实际操作能力会更强，与理论方面的知识相比，他们对实际操作更感兴趣，也更愿意投身至有关实践能力培养的教育中。创业教育的目标是培养学生的开拓进取精神，并使他们成为自己工作岗位的创造者，高职院校所教授的内容贴近现实，更容易被学生接受，有助于充分激发学生的学习动机，高职院校的实践性特征与创业教育理念不谋而合。

第二，高职院校的毕业生多数是直接走向社会，谋求一份稳定职业。一般来说，因为高职学生的学习成绩低于本科生，导致人们认为他们的综合素质低于本科生、研究生，高职学生的社会地位普遍较低，因此，提升创业型的综合素质必然成为缓解他们就业压力的诉求。

第三，高职院校的人才培养模式主要是校企合作、产学结合的形式，校内外实训、毕业实习，各个环节贯穿于高职教育的始终。在生产实践过程中，学生大多是进入工厂展开实习活动，工作条件较为艰苦，高职学生在辛苦的实践活动中不断培养出抗挫折能力以及艰苦奋斗的品质，这些都将成为开展创业教育的宝贵财富。

其次，高职教育与创业教育在运行模式上具有一定的相似性。

第一，创业教育和高职教育在一定程度上作为一种新型的教育形式，创业教育与高等职业教育在培养目标、内容、性质等方面都具有共通性。

高职教育是高等教育一个很重要的组成部分，它肩负着培养技术型、应用型人才的责任。高职教育的培养目标随着经济的发展不断发生着变化，一方面需要培养各行业的专业型人才；另一方面将培养具有综合素质和能力的综合型人才作为教育重点。创业教育注重培养学生的实践能力，要求学生要结合社会现状规划统筹，以此来提高学生的综合能力品质。两种教育的融合合情合理。

第二，高职院院校的师资呈现"双师型"特征，与创业教育对师资的要求具有共通性。我们知道，影响教育成效的关键是教育者能否拥有扎实的理论功底以及满足受教育者多样化需求的教学方式，高职院校创业教育要取得实际成效，就必须在教师专业素质和水平上下功夫。与一般本科院校相比高职院校因其职业教育的理念，要求配备具有一定实践能力的师资队伍，他们不仅从事具体的实践活动，也拥有扎实的理论知识，同时建立专兼职的教师队伍，这些为创业教育的开展提供了强有力的支持。

（二）高职院校开展创业教育的外部条件

第一，21 世纪新经济的发展为高职院校推进创业教育的发展提供动力。随着我国经济发展水平的不断提高，21 世纪的竞争将是以人才培养和科技进步为指标的综合国力的较量，在如此激烈的竞争中，我国只有努力把握时代机遇，大力发展生产力，创造性地在科技领域培养创新人才，培养他们的创业意识和能力，转廉价劳动力为高素质、高水平的人才资源，转制造大国为创业强国，落实创新驱动发展战略，才能使我国从发展中国家的位置中跻身列入中等发达国家之列，为此，国家就要大力培养一批具有广博知识、开阔视野、开拓创新精神的创业者，以创业促就业，带动民族经济的发展。

创业是建设中国特色社会主义事业的应有之义，符合社会发展要求。当前国家的创新驱动发展战略就需要社会造就出一批优秀的创业应用型人才。现代社会对创业型人才的迫切需要，这就要从培养人才的摇篮出发，从具体的学校教育出发，需要大力推进创业教育的有效开展，培养出各行各业的创业型应用人才，提高高新技术成果转化率，通过辐射作用，带动传统产业的发展，推动国民经济的发展，提高我国的综合国力。

第二，政府的大力支持为高职院校更好地开展创业教育提供了保障。近年来，中央下发了许多大学生创业的政策，无论是简化手续还是增加政府资金投入，都是在为高职学生扫除创业征途中的障碍，使广大学生更好地投入创业之路，在利好环境下，高职院校要把握机遇，切实推进创业教育的顺利开展，提升高职学生的整体素质。

第四节　创新创业教育的六大理论基础

创新创业教育是以培养具有创业基本素质和开创型个性的人才为目标，不仅仅以培育在校学生的创业意识、创业精神、创新创业能力为主的教育，而是要面向全社会，针对那些打算创业、已经创业、成功创业的创业群体，分阶段分层次地进行创新思维培养和创业能力锻炼的教育。创新创业不是凭空臆造的，它是建立在知识的传播、转化和应用的基础之上。高职院校培养创新人才绝非为教育创新而创新，而是有着厚重的理论底蕴作为支撑。

一、人力资本理论

所谓人力资本，即指凝聚在劳动者身上的知识、技能及其所表现出来的能力。人力资本理论的产生可以追溯到18世纪。早在1776年，现代经济学的创始人亚当·斯密就在他的代表作《国民财富的性质和原因的研究》中指出：个人通过学习所获得的已成为个人能力一部分的知识和技能，也应视作社会财富的一部分，是社会固定资本的组成部分。

随着经济和科技的发展，到 20 世纪中叶时，学者们对人力资本的研究开始系统起来。其中，最杰出的代表人物当属美国的西奥多·舒尔茨，他在其名著《论人力资本投资》中指出："事实证明，人力资本是社会组织和个人投资的产物，其质量高低完全取决于投资多少。"人力资本是关于人口质量的投资，它比物力资本更加高效，在人力资本形成的各种途径中，教育是一条最重要的途径。西方大多数专家指出，教育是一种生产性投资，它对经济增长具有举足轻重的作用。

在人类所拥有的一切资本中，人力资本是第一宝贵的，自然成了现代管理的核心。更好地提高人力资本的管理水平，不仅是发展经济、提高市场竞争力的需要，也是一个国家、一个民族长期兴旺发达的重要保证，更是一个现代人充分开发自身潜能、适应社会、改造社会的重要措施。因此管理好人力资本有着重要的意义。

（1）通过合理的管理，可以实现人力资源的精干和高效，取得最大的使用价值，同时，人的使用价值达到最大等同于人的有效技能最大限度地发挥。

（2）通过采取一定措施，可以充分调动人力资源的积极性和创造性，也就是最大限度地发挥人的主观能动性。

（3）通过教育和培训，人力资本的效能不断提高。人类社会的发展，无论是经济的、政治的，最终一切为了人本身的发展，马克思指出，教育不仅是提高社会生产的一种方法，而且是造就全面发展的人的唯一方法。随着社会的发展，教育和培训在人力资源开发和管理中的地位越来越高。

21 世纪的中国处在一个知识经济时代，也是一个创业的时代，此源于日益激烈的人才竞争，严峻的就业形势以及国家经济发展方式的转变，于是对人才的素质、对人才开发的力度和高校人才培养模式也有了新的要求。除了要求大学生掌握知识、技能之外，还需着力提升大学生的文化修养、创新精神、创新创造能力，以提高其综合素质。

人力资本理论为创业人才的培养提供了理论依据，创业人才的培养是时代的要求，高校培养出来的创业人才是经济发展和社会进步的有力推动者。

二、实用主义教育理论

实用主义教育理论于 19 世纪末在美国兴起，是以批判赫尔巴特代表的传统教育学为基础，以美国实用主义文化为背景而建构起来的一股教育思潮。它深深地影响了 20 世纪全球的教育理论的研究和实践。实用主义教育理论代表人物有美国哲学家、教育学家杜威（John Dewey，1859—1952 年）和克伯屈（W.H. Kilpatrick，1871—1965 年）等人。

杜威非常重视教育过程中师生之间的合作关系。他认为，在教育过程中激发学生自己发现问题、解决问题，并不是指教师可以袖手旁观，保持沉默，而是共同参与学生的活动。在这种共同参与活动的过程中，教师或学生越少意识到自己在那里施教或受教就越好。杜威反对那种依靠威吓和压制的方法进行教育和教学，要求各门课程的教学过程成为师生合作的相互作用的过程，成为教育者和学习者共同参与的过程。

实用主义教育理论的观点总结如下。

第一，教育即生活，教育的过程和生活的过程是合二为一的，而不是为将来的某种生活做准备。

第二，教育即个人经验的增长，教育在于让学生在真实的情境中增长自己的经验，这是教育的最终目的。

第三，教育即成长，是个人经验的增长过程。

第四，学校的课程是以学生的经验为中心的，打破了原来以学科为中心的课程体系。

第五，在教育教学中不再以教师为中心，教师只是学生成长的帮助者，学生才是教育教学的中心。

第六，在教育教学过程中，要注重学生的创造性的发挥，提倡让学生在学习的过程中独立探讨、发现问题。

在当今社会依然认为实用主义教育哲学拥有极大社会价值，认为当代"杜威教育思想依然是有生命力的"。

总之，实用主义教育理论所倡导的以学生为中心、活动课程、做以学生为特色的教学思想，为教学思维的改变和教学模式的更新，以及创业人才的培养策略提供了理论基础。

三、创新型国家理论

通常，人们按照实现工业化和现代化道路的不同将国家进行划分：有些国家主要依靠自身丰富的自然资源增加国民财富，如中东产油国家，即资源依赖型国家；有些国家主要依附于发达国家的资本、市场和技术，如一些拉美国家，即依附型国家；还有一些国家把科技创新作为基本战略，大幅度提高科技创新能力，形成日益强大的竞争优势，国际学术界把这一类国家称之为创新型国家。创新型国家是指以技术创新为经济社会发展核心驱动力的国家。主要表现为：整个社会对创新活动的投入较高，重要产业的国际技术竞争力较强，投入产出的绩效较高，科技进步和技术创新在产业发展和国家的财富增长中起重要作用。

作为创新型国家，至少要具备4个特点。

（1）创新投入高，国家的研究开发投入占 GDP 的比例一般在 2%以上；

（2）自主创新能力强，国家的对外技术依存度指标通常在 30%以下；

（3）科技进步贡献率要在 70%以上；

（4）创新产出高，目前世界上公认的 20 个左右的创新型国家所拥有的发明专利数量占全世界总数的绝大部分。

为了在竞争中赢得主动，依靠科技创新提升国家的综合国力和核心竞争力，我国把推进自主创新、建设创新型国家作为落实科学发展观的一项重大战略决策。创新型国家理论在我国不断地渗入。高职院校在国家整个创新体系建设中扮演着特殊的角色。它肩负着生产建设、服务、管理第一线的专业知识和科技创新的使命，承担着培养创新人才的重要任务。而创新人才在推动生产一线科技成果转化、服务社会主义现代化建设等方面发挥着不可替代的作用。因此，培养创新人才是建设社会主义现代化、实现全面建设小康社会的重要环节，也是建设创新型国家的应有之义。

四、人的全面自由发展理论

马克思在《共产党宣言》中概括了共产主义新人形象的本质特征，那就是"每个人的全面而自由的发展"。所谓"人的全面而自由的发展"，蕴含了两个方面的内容：一是人的性格和智慧得到全面的合理的发展，具体来说，就是在道德、智力、情感等方面得到全面、和谐的发展。二是人的个性和才能得到自由自主的发展，具体来说，就是进行自由的生命活动和自觉的创造活动。"一切人的自由发展"与"每个人的自由发展"及其辩证关系，构成了马克思"人的全面自由发展"理论的基本内容。

在马克思看来，人的全面发展还包括个性自由、人的性格、智慧等方面的发展。传统教育模式以培养适应社会政治经济发展的人才为目标，在教育实施上有着重共性、轻个性的倾向，这显然与人的全面自由发展相违背。从学界对创新人才的界定上看，对创新思维、创新能力、创新品质和意志等方面的要求，本质上是以人的全面自由发展为依据的。同时，推进人的全面自由发展，与促进社会、经济、文化的发展，是互为前提和基础的。人越是全面自由发展，社会的物质精神财富就会创造得越多；反之，社会物质精神财富越充分，又越能推进人的全面自由发展。

人的全面自由发展理论已经充分地渗透到当前高等教育实践之中。中央创造性地提出了"以人为本"的科学发展观，将人的全面自由发展与整个社会的和谐发展联系起来。可以说，创新人才的最高标准即个性全面自由发展的人，培养创新人才是高职院校践行科学发展观的客观要求，为此高职院校应转变教育观念、确立"以生为本"的教育理念，遵循青年心理和生理发展的科学规律，主动地进行高素质人才培养的教育实践活动。

五、创新教育理论

目前，大多数人认为：高职教育是培养生产一线的高技能劳动者，只需要按设计师设计出的图纸和建造方案实施，基本没有创新的空间与需要。因此，高职教育只注重工艺、技术的训练与规范、标准的教育。但是人不是机器，现代人的劳动，都是创造性劳动。生产实践是技术与能力提高的本源。高职教育之所以倡导校企合作、工学结合，推行工作过程系统化教学，其出发点就是把课堂教的理论知识、工艺规范与生产实际相结合，充分发挥人在劳动过程中的主观能动性、创造性，主动学习，深刻领会、体悟操作、人机对话过程中隐含的知识、规律与问题。高职院校预期培养生产一线的劳动者迫切需要来自生产一线的鲜活知识。教材，永远落后于社会实践，永远不可能复制实践中的全部知识，尤其是劳动过程中的隐性知识；教师传授的知识与技能，都是规范化、系统化、理论化了的再加工知识，遗漏、缺失、偏差、固化、表述不准等问题不可避免。

根据知识能否清晰地表述和有效地转移，可以把知识分为显性知识（Explicit Knowledge）和隐性知识（Tacit Knowledge）。社会生产、生活具体行为中的隐性知识大量存在，需要有知识基础的"有心人"，去发现、概括、总结、提炼，提出解决方案，一个一个隐含的问题被攻破、被解决，就是技术进步。技术进步不是在某一时刻的突变，而是日积月累的渐变。

隐性知识到显性知识的转化，是一个建立重复利用知识体系的过程。它重点强调的是信息采集、组织、管理、分析和传播。在这一过程中，信息在不断聚合过程中产生新的理念。私人知识并不能直接共享，可以进行传递的仅仅是知识中的有关观点和信息。他人在接收信息后，要对其进行深入地感知、理解和内化，然后才能形成自己的新知识。

内化，意味着新创造的显性知识又转化为组织中其他成员的隐性知识。显性知识隐性化的目的在于实现知识的应用与创新。知识的创新与应用是知识管理的终极目标，组织能否在竞争中占有优势取决于组织能否充分利用组织的知识，能否不断地创造出新的知识，进行知识的更新。经过隐性到显性，再由显性到内化的4个阶段，组织竞争力得到提高，知识管理完成一个基本循环。

上述由创造知识到提高技术的转化过程,隐性知识向显性知识的转化是核心，是知识生产的最直接和最有效的途径。生产组织中员工个人的隐性知识，是企业新知识生产的核心。如何有效地激发个体的隐性知识，避免转化过程中的障碍，增加转化方式的互动作用，将影响企业新知识产生水平。

生产一线的劳动者，除把隐性知识转化为显性知识这一创造新知识的功能外，现代工业社会劳动本身，就是智力运用与创造的过程。

高职院校培养的是高技能专门人才，是生产一线的劳动者，他们的劳动过程，就是新知识的生产过程、智力运用过程、创造性劳动过程。高职教育如果没有创新教育的内容，只能认为我们的高职教育只是在给机器输入程序，而不是培养活生生的人。若培养的是人、而且是人才，就必须把创新教育作为核心内容。

六、蒂蒙斯创业理论

创业理论源于 18 世纪时 entrepreneur（创业者，企业家）一词的出现。随后，有关创业的研究就逐渐多起来。学者们从各自不同的视角对创业相关的创业现象、创业本质、创业理论进行了探讨。杰弗里·蒂蒙斯（Jeffry A. Timmons），是富兰克林欧林学院创业学杰出教授，是创业管理教育领域的权威人士。蒂蒙斯对创业过程模型给出了经典的诠释。

第一，商业机会是创业过程的核心驱动力，创始人或工作团队是创业过程的主导者，资源是创业成功的必要保证。

创业过程始于创业机会，而不是钱、战略、网络、团队或商业计划。开始创业时，商业机会比资金、团队的才干和能力及适当的资源更重要。在创业过程中，资源与商机间经历着一个适应—差距—适应的动态过程。商业计划提供沟通创业者、商机和资源 3 个要素的质量、相互间匹配和平衡状态的语言和规则。

第二，创业过程是商业机会、创业者和资源 3 个要素匹配和平衡的结果。

处于模型底部的创始人或工作团队要善于配置和平衡，借此推进创业过程，他们必须做的核心过程是：对商机的理性分析和把握，对风险的认识和规避，对资源的最合理的利用和配置，对工作团队适应性的分析和认识。

第三，创业过程是一个连续不断地寻求平衡的行为组合。

在 3 个要素中绝对的平衡是不存在的，但企业要保持发展，必须追求一种动态的平衡。保持平衡的观念展望企业未来时，创业者必须思量的问题是：目前的团队是否能领导公司未来的成长、资源状况、公司下一阶段将要面临的陷阱等问题。这些问题在不同的阶段以不同的形式出现，关系到企业的可持续发展。

蒂蒙斯创业理论对创业相关的商业机会、创业者、资源以及它们之间的关系进行了详细的分析，诠释了创业过程的含义。蒂蒙斯创业理论为如何培养创业人才、从哪几个方面入手培养、创业人才应该具备什么样的素质提供了一定的理论参考，具有方法论的意义。

第五节　高职人才培养模式的建构

虽然目前高职教育规模不断扩大，办学模式趋向多元化，但人才培养目标和人才培养模式依然不够完善，人才培养质量很难保证，这既影响高职教育的可持续发展，也会制约经济与社会的发展。适应形势变化，确立与社会需求相适应的高职人才培养目标，构建创新的高职人才培养模式是社会发展对高职教育发展的必然要求，也是高职教育发展的生命力所在。

一、高职人才培养模式构建基本原理

根据高等职业教育与社会发展相互适应的理论，我们认识到：高等职业教育对社会发展的适应是全方位的；同时，高等职业教育对社会发展的适应，更应着眼于未来。教育效果发生的长期性以及持久性，对高等职业教育社会发展的远见性而非短期性的适应提出了更高的需求。

因此，依据高等职业教育与社会发展相互适应的理论，结合中外人才培养模式的研究成果，我们在创新构建高职人才培养模式时，认为创新创业的高职人才培养模式的人才培养目标是与我国社会主义现代化建设要求相适应的，即以社会、经济现实和未来发展趋向需求为导向的直接从事生产、建设、管理、服务第一线工作的高级技术应用型专门人才，这种人才是主要从事成熟理论与技术的应用和操作的高级技术和管理人员，他们在具有必备的基础理论知识和专业知识的基础

上，有善于解决工程复杂问题的能力，有重点掌握从事本专业领域实际工作的基本素质和基本技能，具有良好的职业道德和敬业精神。要达到这一目标，就必须为受教育者构建新的知识、能力、素质结构。

（一）知识结构的构建

高职学生的知识结构是不同内容、不同形式的知识在学生认知结构中所积淀的层次与比例的关系。知识结构是衡量人才培养质量的主要尺度之一。从当前的情况看，知识的基础化、综合化是构建高职学生知识结构的目标。

1．知识基础化

知识基础化就是要把知识结构的重心放在基础知识、基本原理上。加强基础是应对多变社会环境的一种重要策略。基础知识是本源性知识，抓住了事物的共性，可以举一反三。一个人只有在工作和生活中凭借其在学生阶段获得的基础和自学能力，不断扩展自己的知识面，优化、更新自己的知识，才可能适应社会。高职教育既要重基础，也要重专业，二者比例要适度。

2．知识综合化

综合不是简单的叠加，而是一种整合，使学科之间相互渗透，形成整体性概念真正起到的效果。一是在高新技术的教学应用实践中体会知识综合化的魅力，使学生学会用综合化知识解决专业性、技术性问题。二是注意人文教育与科学教育的渗透与迁移。要在科学教育中渗透人文思想，促进人文教育与科学教育的自然融合。

（二）能力结构的构建

能力是指保证一个人顺利进行实际活动的稳固的心理特征和知识技能的综合能力，与心理活动的特征有关。高职学生的能力目前比较一致的看法是由以下 4 部分组成，即获取知识的能力、运用知识的能力、创造能力和职业能力。

1．获取知识能力的培养

在获取知识能力的培养方面，提倡教师主导与学生自觉并重，充分发挥学生学习的主动性、能动性。在课程设置上，要以学习者为中心，在教学中充分体现教师主导和学生主体作用，使学生实现从学会到会学的飞跃。同时要在学习中构建整体知识网络，注重知识的形成过程和知识的实用价值。这样有助于为学生的不断发展和终身学习打下基础。

2. 运用知识能力的培养

运用知识的能力指人在社会实践活动中运用所学到的知识去分析问题、解决问题的能力，特别是由此迁移到其他情景中分析、解决问题的能力。运用知识的能力与学习知识能力的核心都是思维，但运用知识的能力偏重于活动，体现智力与能力的结合。培养运用知识能力的关键，是让高职学生参加实践活动，真正发挥实践教学的功能。要针对专业特点、职业特点、技术特点、岗位特点开展实践活动，让学生用基础理论、基础知识指导实践，从实践中深化对知识的理解，实现知识与能力的融合。

3. 创造能力的培养

高等职业教育既重视向学生传授知识、技术，又重视学生职业素质、职业能力的培养，强调发展学生的个性和挖掘创造潜能，鼓励学生标新立异。同时，它强调企业、社会的参与，这样有利于学生创新意识与创造能力的培养。要培养高职学生的创造能力，重要的是开展主体性教育和个性教育，鼓励学生以发展的观点看问题，敢于突破常规和定式。目前应建立起以能力考核为主、常规测试与技能测试相结合的制度，重点考核学生运用知识解决问题的能力。同时，加强科研实训基地建设，引进新设备、新机器、新技术，开放实验室，营造创新氛围。

4. 职业能力的培养

职业能力是指个体履行岗位的职业、承担本职工作、完成各项任务的能力。目前，我国企业职工队伍里初中文化程度的占多数，虽有人力成本优势，但产品服务的技术含量低，产品服务的竞争能力弱，限制了劳动生产力的提高。因此，高职教育在培养人才时，必须创设职业岗位环境，对学生进行职业道德、职业素养、职业技能等方面的教育，使学生毕业后能及时进入角色。

(三) 素质结构的构建

素质结构按不同方法可划分不同的单元，我们倾向于将人的素质划分为社会素质、自然素质和心理素质 3 种。高职教育培养的是社会需要的一线人才，高职学生素质结构除了不易改变的先天自然素质之外，主要是培养社会素质和心理素质。

1．社会素质的培养

社会素质属后天素质，它在素质结构中起到调节作用。它一方面要以生理素质、心理素质为基础，另一方面又给这两种素质打上一定的社会烙印。它既引导个体做人，也引导个体成才。内化是社会素质形成的重要机制，它指个体从外部获得道德和知识，通过内省与吸收成为自我的一部分，使人形成一种好的涵养、好的气质，使个体的人成为社会的人。高职教育在培养学生的社会素质时，要充分发挥正面教育的作用，多树立正面的典型，使学生向正面典型看齐，要注意纠正学生在专业课程与公共课程中的不合理倾向，避免因这种倾向造成知识的偏差。

2．心理素质的培养

心理素质是人的所有素质中最容易产生危机的一部分。人的心理素质一旦潜藏危机，就会对个体的发展产生影响，甚至造成难以预料的后果。在国内由于高职教育开展的时间不长，社会的认可度不高，高职学生中的一部分人难免存在一些心理问题。因此，教师在培养学生的心理素质方面更应该加大力度。一要培养学生成就动机，使学生懂得人人都可能成功；二要创造运用良好的氛围，促使学生构造积极、适当的自我意象，引导学生正确认识自我，找准定位，不断创造自我；三要培养学生情绪控制能力，实行以性格培养性格，用情感培育情感，以情绪感染情绪，用情操唤起情操。

知识、能力、素质的划分是相对的，知识不经内化不能形成素质，内化了的知识不经运用，也不可能形成能力。高职教育应根据专业需求的不同，在基础课和专业课、专业理论教学体系与实践教学体系的安排上确定不同的比例，做到从实际出发，灵活多样。总之，高职创新创业教育需要随时代的发展而不断发展，在实践中不断完善。

二、人才培养模式创新的构建

构建新的人才培养模式就是怎样实现新的高职人才培养目标。即实现其知识、能力、素质结构要求的方式。因此，人才培养模式构建与专业设置、教学方式、课程体系、教师队伍以及实践形式等紧密相关，通过这些途径落实"以人为本"的教育理念，建立"能力核心"的培养模式，使高职院校能创建全面发展的人文环境，以期达到学生素质的全面提升。

根据新时期对高职人才的素质要求和国内外高职人才培养模式的现状，我们将新的人才培养模式概括为"两线并重、四位一体"的外向复合应用型人才培养模式。"两线并重"即理论教学与实践教学并重；"四位一体"即专业设置模式、教学模式、教师培养模式以及实践模式要实现有机结合，整体统一。

（一）专业设置构建以就业为导向

高职教育能否满足社会需求，一方面体现在其培养目标是否与社会经济的发展对人才素质的要求相一致，另一方面则体现在其专业设置是否与生产结构的经济发展变化相适应，也就是要建立专业结构与产业结构相适应的专业设置模式。

专业结构是国家现实经济的反映，是与一定历史时期的经济发展和产业结构相联系的，它直接或间接地反映了经济和社会发展的需要以及经济结构的特点。专业结构是否同经济和社会发展相适应，是衡量专业结构是否合理的根本标准。同时"专业能力"是高职学生能力的一个很重要的方面，高职院校设置的专业，符合本地区产业发展的需要，培养对口的人才，就会得到用人单位的欢迎与支持，从而推动本地经济的发展。高职院校要较好地为本地区经济建设服务，面向市场办学，必须了解本地区经济发展的产业结构状况及需求。也就是要了解本地区经济发展都有哪些产业部门和它的隶属关系。如第一产业都有哪些门类，第二、第三产业又有哪些门类，哪些是劣势次要产业，并在这些基础上做好人才需求预测，同时，还必须以科学发展观，即发展的、动态的、变化的观点，探讨本地区产业结构未来发展变化的趋势。明确哪些是本地区发展并大有前途的产业，哪些是本地区逐渐将被淘汰的产业，哪些是将随着科学技术的进步和生产力的发展，必然要兴起的产业。

高职院校应该不断调整服务方向，优化专业结构，增加社会急需的新专业，改变就业形势不好的旧专业，取消没有就业市场的老专业，使新旧专业相辅相成，合理搭配。专业设置要考虑学校本身办学条件，如现有的师资、设备及原有的办学专业基础。专业设置数量要适当，既要避免专业过多量分散，影响培养实用型人才的质量和增加就业的压力，又要注意专业数量不能太少，学科设置单一，影响办学的经济效益。专业设置要随着时代的需求不断改变，要与科技、经济、社会的发展相适应。

（二）教学模式改革以培养学生职业能力为宗旨

教学模式特指反映特定教学理论逻辑的、为完成某种教学任务而采用的相对稳定而具体的教学活动结构。利用某一种模式，人们可以将教学活动或过程分解为某些关键调控教学活动的一整套方法体系。教学模式是教学理论与教学实践的中间环节。它通过简化、微缩的组成要素规定和调控教学活动。

根据建构主义教学理论的兴起与发展，对改革高职教学模式的指导意义在以下几方面。

第一，在教学中要充分发挥学生学习的自主性。由于学生是学习的主体，课堂教学不能采用简单的灌输方法，而要让学生主动地接受新知识。教师应尽量引导学生进行探究主动学习，即主动发现问题，主动收集、分析有关信息和资料。

第二，在教学中要多开展情境教学。职业教育是手脑并用的应用教育。既要培养学生的理论水平，又要培养学生的动手能力。根据各专业的特点开展情境教学，是培养学生职业能力的一种重要手段。在设计高职教学模式时，要注重教学过程的情境性，通过在一个情境中运用和操纵信息，来培养现实中要运用的技能。

教学设计应以学生为中心，以培养职业能力为宗旨。具体而言，这个过程包括如下几个部分。首先，了解相关行业的基本情况。主要包括本行业的些宏观背景及行业内企业的数量和规模、生产技术水平、对第一线技术人才和管理人才的需求等；其次，根据"有效需求"原则，进一步分析相关职业岗位的实际需求与分布情况，把专业培养目标分解细化，以便有选择地确定该专业的学生能完成哪些具体岗位工作；最后，进行有关的职业综合能力的分析与分解。职业综合能力主要由专业能力、方法能力和社会能力 3 项基本要素构成。对有关专业或专业方向进行职业综合能力的分析与分解，是高职专业教学设计中最重要、最具特色的一项工作。

（三）实践模式满足以职业资格证书就业准入制度

职业资格证书制度是国际上通行的一种对技术技能人才的资格进行认证的重要制度，是我国确定的一项旨在全面提高劳动者素质的重要政策，是发展劳动力市场、促进职业培训和实现就业的重要手段。它是指按照国家制定的职业标准，通过政府认定的考核鉴定机构，对劳动者的职业能力水平进行客观公正、科学规范的评价和鉴定，对合格者授予相应的国家职业资格证书。

国家职业资格证书分为初级五级、中级四级、高级三级、技师二级、高级技师一级。职业资格证书和职业技能鉴定是以国家职业分类为基础。2018 年新的《中华人民共和国职业分类大典》已经正式实施，划分为 8 个大类，66 个中类，413 个小类，1838 个细类职业。

所谓就业准入，是指根据《劳动法》和《职业教育法》的有关规定，对从事技术复杂、通用性广、涉及国家财产、人民生命安全和消费者利益职业的劳动者，必须经过培训，并取得职业资格证书后，方可上岗就业。

为使高职教育培养的毕业生满足就业准入制的要求，必须构建出新的教育模式。

首先，建立并优化教学体系。一是构建实践教学体系的目标体系，明确求，抓住关键，落实保障措施。二是建立一个由基础课实验和基本工艺训练、专业课实验和课程设计、跟岗实训和毕业设计、课外活动和社会实践等组成的、较完整的梯次递进的实践教学体系。二是以技术应用能力培养为目标改革实训教学环节，对实验较多的课程单独设置实验课，独立考核，减少演示性、验证性实验，增加工艺性、设计性、综合性实验，加强职业技能训练，在实习现场营造真实的现场工作氛围。

其次，根据"培养应用能力，满足就业需求"的原则，探索产学研合作教育的途径。一是建立由校内专家和企事业单位的工程技术人员组成的专业委员会。专业委员会成员参与学校专业设置的论证、人才培养计划的制订、课程内容的确定等工作，保证人才培养规格适应工作岗位的要求。二是建立一批校外实践教学基地。学校选择一批设备工艺先进、管理水平高、适合学生动手操作、有利于发挥学生创造力的企业，注入一部分资金，作为学校的实践基地。三是经常组织学生到实践教学基地进行认知学习、课程设计和毕业实习。在校外实践教学基地实习期间，聘请现场的技术人员担任兼职教师，使学生有机会进入生产实际领域，获得真正的职业训练和工作体验。

最后，建立校内专业技能鉴定场所，提高学生技能鉴定通过率。具有设备、场所和技术等方面优势的高等职业学院可以在国家职业标准的统一指导下，在职业技能鉴定社会化管理体制的指导下，建立职业技能鉴定场所，开发相应的标准、教材、题库、考试技术及教务管理技术，使其成为先进的职业培训模式、鉴定方法和考试技术的实验中心，成为职业资格证书制度的示范窗口。这样既可以提高学生技能鉴定的通过率，又可以补充更新学校的实习、实训设备，使学生在充足的设备条件下学习技能，接受鉴定。

（四）构建"双师型"教师培养模式

师资水平是保证教育质量的关键，只有建立一支有特色的高等职业教育的师资队伍，才可能办出有特色的高等职业教育。要培养具备较高素质的人才，教师必须具备更高的职业道德和素质。要培养学生的专业实践能力，教师本身必须具备较强的专业实践能力。能力本位的培养模式要求教师具备更高的素质和能力，具有较强的创业能力和创新意识，在相应的学术领域中获得创造性的成就，只有建立素质高、能力强，以"双师型"教师为主导的师资队伍，才能在教学过程中激发学生的创新意识，塑造学生的创业能力。

抓好"双师型"教师的培养，应该重视以下 3 条途径。

一是培养自己的"双师型"教师队伍。加强教师专业理论水平和实践能力的培养，鼓励教师进修，培养其终身学习的观念。

二是建立高等职业教育师资培养基地，进行系统的高等职业教育的师资队伍的培训。为增强未来高等职业教育师资的专业实践能力，要鼓励他们参加技能鉴定，获取一定等级的专业资格证书，以提升教师的实践技能。

三是规范兼职教师的聘任条例，从校外聘任一批既具有一定的本专业理论知识又具有丰富的实践经验的职业技能兼职教师，使他们通过专业理论及教育理论的培养和考试，取得兼任高职教育教师的资格。发展、规范兼职教师队伍是我国高等职业教育未来发展的必由之路。高等职业教育办学的灵活性决定了学校不可能也没有必要面面俱到地建立一支庞大的专职教师队伍，否则，随着专业适应社会需要的调整，势必造成人力财力的极大浪费。

第四章　高职院校学生创新创业知识体系

创业不是一件任性的事情，更不是追求所谓的情怀就够了。创业是一项复合性很强的工作，它要求创业者能够结合专业特长、兴趣爱好以及市场特点等要素，根据市场前景和社会需求充分发挥自身的创意并将其转化为实体产品直接面向社会、面向市场，创造出可观的经济效益。

第一节　创新创业筹备知识

一、高职学生创业行为的主要特征

对于高职学生而言，创业是一件既让人兴奋也让人恐惧的事情，因为部分高职学生在创业的路上找对了方向，不断走向成功，但大部分高职学生创业之路刚刚启程就已经迷失方向，最终以失败告终。对高职学生而言，创业比就业对个人能力的要求更高，创业者要依据自身特点并努力培养自身的创业综合素质，才有可能真正踏上创业之路。"知己知彼，百战不殆"，高职学生只有在深刻认识自身优缺点的基础上，才能够做到扬长避短，实现对创业活动的精准定位。高职学生的创业特点如下。

（一）专业技能及市场感性认知能力较强

与普通本科教育相比，高职教育更加强调与市场的贴合度，因此在高职教育中更加注重对学生的实用性教育及技能实践。高职学生必须参加顶岗实习，在教学中引进行业标准、国际标准，学生毕业实行"双证""多证"制，高职学生在毕业之前完成岗位前的职业训练。这便使高职教育保持与市场、企业的密切联系。在这种模式下，高职学生具有较强的专业技能和市场感知能力，这一技能为创业奠定了基础。

（二）拥有较强的活力

刚刚步入社会的高职学生年轻、有活力，敢于拼搏；对于创业成功与否没有太重的心理负担，具有较强的社会适应能力；自信心较强，对自己认准的事物会有兴趣去体验。因此，高职学生在创业上更加富有激情。

（三）创意优势较为明显

高职教育强调以能力为中心，注重专业技能、社会实践和职业素质等能力的培养，学生除了专业知识的学习外，更多的是综合素质的培养。高职院校在人才培养中鼓励培育学生创新意识及创新能力，有助于增强学生的领悟力，提升学生自主学习知识的能力，其外在表现为高职学生更善于接受新事物，思维活跃，创意新颖，能将所具有的专业综合素质内化为能力，外化为创造性思维。创意能力影响着创业实践，是促使创业实践活动顺利进行的首要条件，因此高职学生的创意优势相对明显。

（四）缺乏对创业知识的系统化掌握，眼高手低，心理承受能力差，可持续发展能力不足

创业对人才的综合素质要求较高，知识的结构和系统化程度决定了创业活动能否步入正轨。对于高职学生而言，由于受自身经验和阅历的影响，加之个人综合素质有待提升，因此缺乏对创业知识系统化的掌握。高职学生创业往往看不起蝇头小利，往往大谈"第一桶金"，不谈赚"第一分钱"，容易出现眼高手低的现象。高职学生普遍存在心理不成熟，承受压力的能力差，遇到挫折容易放弃，往往在听到创业艰难且成功率极低时，还没尝试就轻易放弃。高职学生相对于本科及以上学历的学生，自我学习、自我教育、自我管理的能力仍有不足，这也会导致高职学生在创业过程中出现可持续发展能力不足的情况。

二、高职学生创业应具备的基本条件

在高职学生的创业之路上虽各有风景，但同是成功的创业者，每个学生表现

的能力和个性各不相同，似乎很难找到他们的共性。从网络、书籍或者期刊上我们看到很多高职学生创业成功的案例，由于每个人观察视角的差异，对高职学生创业者所应具备的基本条件的提法也各不相同。

我们认为高职学生创业者应具备以下几项重要的基本条件。

（一）良好的创业心理素质

良好的心理素质对于高职学生创业者来说发挥着举足轻重的作用，为其创业成功奠定了良好的基石。在高职学生创业过程中，良好的创业心理素质既可以指学生自身已经内化的创业心理素养，也可以指以群体形式创业的良好心理素养。良好的创业心理素质可以为高职学生创业成功进行催化，并促使高职学生面对创业困难和挑战时能够冷静理智地处理，也可以使他们以更加平和的心态面对创业的成功和喜悦。

高职学生在学历背景、发展平台等方面与本科院校学生，尤其是985、211院校的学生相比有较大差距，这导致高职学生在创业初始阶段缺乏足够的信心。高职学生创业初期，由于与社会接触少，造成其创业过程中缺乏足够的经验和魄力，虽具有创业激情，但也缺乏足够的耐心和顽强的意志力。高职学生的社会经验和人生阅历不足，也会造成他们在面对创业过程中的各种不确定性状况时不能很好地解决问题。因此，在高职学生创业活动中，要积极鼓励高职学生参加各种综合素质的培养和激励活动，通过合理的方式释放创业给学生所带来的心理压力，从而有效地帮助学生提升创业的自信心。同时也要鼓励学生不断提升自身魅力，建立良好的人际关系，团结志同道合的人加盟创业团队，才能使创业之路走得更远，事业做得更大。

（二）良好的综合能力

作为高职创业者，每天都在经历着来自市场的风险压力和不确定性，只有具备良好的综合能力，才能帮助创业者在严酷的创业竞争中一步步走向成功。

首先，高职创业者需要具备不断学习的能力，持续不断地获取新知识，同时将它转化为可应用的能力。

其次，高职创业者需要具备管理协调能力。高职学生在创业过程中需要团结志同道合的合伙人共同参与，良好的协调能力能够获取更多的资源支持。在创业过程中只有具备出色的管理协调能力，才能有效提高创业实践活动的效率以及创业成功的概率。

再次，高职创业者需要具备分析决策能力。只有通过深刻的科学分析，才能制定出正确的创业方案。因此，高职创业者需要努力提升分析问题的能力，通常可基于以下三个角度进行切入：一要决策基于调查。平时多进行市场调查，在对市场信息进行有效分析的基础上进行决策。二要做好多种准备，对可能出现的结果进行分析，同时准备好应对的措施。三要向同行学习，集思广益，多方面提升自身的综合分析与决策能力。

最后，高职创业者需要具备一定的创新能力，创新能力是创业者的生命源泉。创新不仅仅是从无到有地创造某种产品和服务，更多的情况是在已有的产品或者服务上进行改良，以便更加适应市场需求。技术、管理和营销上的创新更能体现高职创业者的创新能力。从某种角度来看，创新能力其实就是不断对问题进行反思和追问的能力。所以，高职创业者要不断培养自己对问题的反思和追问的能力，进而提升自己的创新能力，为创业的成功奠定良好的基础。

三、高职学生创业的项目选择

一提起创业，很多高职学生立刻会想到开家网店或者注册一家公司，但实际上创业除了开公司、网店之外还有很多的选择形式。总结起来，适合高职学生起步的创业模式中比较有代表性的有以下四种。

（一）创意小店

高职院校培养的是高技能专业性人才，高职学生在校期间更多的是学习专业知识和实操专业技能，尤其在专业技能方面具有独特的优势。因此，学生可以利用本身的专业技能承接小型项目，这种创业模式按照项目进行运转，运作成本和风险相对较小。

（二）电子商务

高职学生生活在信息爆炸的时代，接触网络的时间长，使用和利用网络解决问题的能力强。因此，高职学生利用网络平台开展创业具有较好的优势，如创业成本较低、可以突破时间和空间的限制、具有开放型和全球性、互动性强等优势。但是电商创业也有一定的缺点，如没有独立法人资质、交易安全性得不到足够的保障、受信用消费影响、电商管理机制不够健全规范等。所以，高职学生选择电商创业仍需要谨慎。

（三）加盟代理

高职学生选择加盟代理的形式进行创业的优点是：拥有加盟代理品牌标准化管理的指导的同时，拥有较低廉的进货成本，投资风险明显降低。加盟连锁体系可利用其品牌吸引力增加客流量，更快、更有效地积累经营管理经验，增加日后经营成功的可能性。

加盟代理的缺点是一次性投入较高。定期负担促销推广费用，但不一定产生效果。加盟店与总部之间沟通不畅时易造成支持不到位，加盟店所销售的商品可能有地域性差异存在，导致产品销售受限，存在经营风险。加盟总部的要求、监督及限制，可能会阻碍加盟店独特性经营风格的形成。

（四）提供智力或个性化服务

随着社会经济的发展，服务业在我们的生活中已占有越来越重要的地位。高职学生创业，可以发挥自己的专业特长并有效结合自身的兴趣爱好，以兴趣为驱动力，以专业特长为有力保障，积极开展智力和个性化服务。

其优点是：可根据订单来进行生产，可以以需待产，加快资金周转，缩短再生产周期；服务在产生之前已经销售给消费者，强化了顾客与创业者之间的沟通；个性化服务可以使生产者与顾客之间建立起学习型、良好的合作伙伴关系，会提高顾客的粘度，保持固定顾客群。

其缺点是：在条件尚不完全具备的创业初期，可能增加生产或者交易成本，成本上升，从而影响总体经济效益；个性化服务受客户个人信息保护的影响较大；

每一位顾客被视为个性化服务的细分市场，使营销网络受到严峻的考验，创业经营风险增加。

四、高职创业者如何组建创业团队

（一）如何选择合伙人？怎样组建团队？

高职学生在创业的起步阶段需要全身心投入，并及时解决产品技术、市场推广、客户服务与维护、企业管理等方方面面的问题，但是高职学生接触社会和自身能力有限，不可能面面俱到，即使有超常的个人能力和心理素养，能够独立解决绝大部分的问题，但创业者的时间和精力也会受到各种挑战。所以就需要引入工作同伴，并且是能够以创业思维全身心投入的工作伙伴，也就是创业者要寻找的合伙人。

我们常说"找不到合伙人组建团队的创业者不是好创业者"。因为找不到合伙人意味着：在寻求投资人投资时，他们会认为你不适合创业；没有认清自己，更不知道自己需要什么样的合伙人；创业者不善交际，没有可供选择的合伙人；为人苛刻，没有人愿意和你合作。因此，几乎所有高职创业的学生在进行创业初期都在为未找到合适的合伙人组建团队而苦恼过，有时候甚至感觉比找自己的男女朋友还要难。如果你已经准备创业并付诸实践，才发现需要寻找合伙人组建创业团队的话，可能为时已晚。

那么，对于高职创业学生来说，怎样选择合适的合伙人？采用什么方式才能找到高职创业学生的合伙人，进而组建团队呢？我们建议可以从以下角度寻找切入点。

1. 在日常生活、工作、学习中寻找"熟人"

一个好的合伙人自愿全身心投入并愿意承担责任。在日常的生活和学习中，高职创业者可以观察并留意"谁的点子最多"。当学习中分配任务并以小组的形式完成后，谁感谢团队成员和伙伴？当生活中遇到困难或者团队合作出问题的时候，谁自愿最先站出来承担责任？谁做事情时，团队成员都放心？在对日常生活和学习中的各种表现尽收眼底之后，那么高职创业者选择什么样的成员组织团队就有了答案。

2．以创业点子吸引团队成员

当高职创业者拥有一个好的创业点子，那么不要犹豫，请尽快地将创业点子尽量完美地展示给你认为对这个点子改进和完善起着重要作用的人，将这些对你的创业点子认可，并愿意以创新思维全身心投入此项工作中的人吸引进你的创业团队。

3．通过网络渠道寻找合伙人

高职创业者相对社会创业人员来说，他们的交往圈子以及人际关系都是比较欠缺的，利用现有的人脉网络寻找到合适的创业者困难重重。但是随着网络技术的发展和进步，网络已经成为众多高职创业者寻找合伙人的一个重要的交流平台。有创业冲动的高职创业者可以利用网络开放平台、移动互联网等网络渠道、线下活动去扩大自己的交际圈，比如利用一些线上找合伙人的平台、科技社区、线下业界活动等，找到适合团队的合伙人。

高职学生在寻找合伙人时需要注意的一点是，在整个团队中合伙人的个人作能力和经历背景最好能够互补，相互之间能够以创业的思维进行合作，而不是计较工资、风险、工作强度等的"打工者"。

在寻找合伙人的过程中还可能存在这样的问题，合伙人并不是在你需要的时候就一定出现。当暂时找不到合适的合伙人或者找到了合伙人但是不适合组建创业团队的时候，我们应该怎么办呢？

(1) 暂时找不到合适的合伙人。

高职创业者如果在创业初期由于种种原因暂时找不到"理想的合伙人"来组建创业团队的话，不妨采用以项目为导向的"项目临时性组织"，经过项目的不断相互磨合后再认真审视"临时性组织"的去留问题。如果合作好的话可以继续合作，直到经过多次合作之后项目出现了持续性的盈利模式和方向，就可以考虑组建一个创业团队了。

（2）有合伙人但不适合组建创业团队。

当"临时性组织"经过一个项目合作之后发现创业成员相互之间存在太多差

异，从价值观到个人综合能力方面都有太多不协调因素存在的话，无论项目是否成功，都要在项目结束后尽快解散。

总之，高职创业者选择创业这条路就意味着必须快速提升在管理能力、协调、领导等各方面的综合素养，否则个人能力无法和创业团队的成长和运营匹配，创业之路也就无法走得更远。

（二）创业股权分配及权益分配

日常生活中有句俗话"亲兄弟、明算账"，但是在真正的高职创业者进行创业的时候，绝大多数的创业失败都是因合伙时没有明确股份及权益分配而埋下的"定时炸弹"导致死亡。

在中国现有的契约精神不是很完善和发达的今天，人和人之间的合作更多的是基于彼此的信任和熟人之间的介绍而进行，因而在创业过程中都会因投入的资金、精力和技术等内容不同导致回报分配缺乏约定，最终"分道扬镳"。因此我们建议高职创业者在正式创业合伙之前，一定要进行一次开诚布公的谈话，将以下问题进行约定：

1．出钱规则

合伙人各自出多少钱？分别占有多少比例的股权？

2．出力规则

合伙人在工作中进行怎样的分工？谁来负责安排和监督工作？当出现分歧的时候谁说了算？

3．分钱规则

当创业逐渐走向正轨并不断有盈利出现的时候，赚到的钱怎样合理分配？多少用于企业的发展？多少用于个人分配？

4．退出规则

如果高职创业者在创业过程中有合伙人提出退出，采用什么样的方式退出比较合适？怎样对退出进行比较合理的约定？

此外，高职创业者选择创办企业形式的创业时，在股权的设计时需要注意以下事项：创业初期，如果是两人或者两个以上的股东一起成立有限责任公司要尽量避免持股比例平分，保持一个股东对公司有绝对的控制权，也就是一人的持股比例必须超过 2/3。创始人要想拥有对绝大多数事项的最后决定权，就必须拥有50%以上的股份。

五、撰写商业策划书

很多有创业想法的高职学生常常会有这样的疑问："学校门口的早餐店，没有看到老板写什么商业策划书，照样经营得很好。我们学生创业不需要融资为什么就非要去写商业策划书呢？创业要求更多的实践，而非纸上谈兵！"历来对商业策划书是否要撰写都会有不同的看法，有人认为它作用不大，有人却认为非常重要。

（一）商业策划书对高职学生的重要性

对于一个即将创业的高职学生，即使开一家很小的杂货店，恐怕都需要写份商业策划书，因为相对于社会创业人员来说，高职学生对商业模式、市场调研、风险评估等都没有太多的思路和经验，必须通过商业策划书来整理和完善思路。因此，商业策划书对高职创业学生非常重要。

1. 商业策划书是理清创业思路的必要形式

高职学生可以通过撰写商业策划书来理顺创业项目的业务发展逻辑顺序，以便在正式创业时对面临的风险和挑战以及创业项目的商业模式有更加合理和清晰的认知。同时有利于在创业项目和投资人见面之前发现问题并进行完善。

2. 商业策划书是发现创业项目漏洞和潜在风险的最低成本的试错方式，能增加成功概率

高职学生由于缺乏社会阅历，通过撰写商业策划书可以让创业者在大脑中进行一次创业沙盘路演，虽然未完全模拟现实，但却可以发现创业项目的商业模式中的漏洞并及早解决。因此，撰写商业策划书是高职学生发现项目潜在风险和漏洞的最低成本的试错方式。

3. 商业策划书是创业项目发展的路标和纲领性文件

商业策划书是团队成员共同完成的，也是所有成员共同认同并确认的，当创业项目开启，商业策划书就成为项目的发展路标和纲领性文件，指引创业团队不断向前。

4. 商业策划书是吸引投资人目光并打动投资人的最有效方式之一

对于高职学生创业，想通过完美的语言表达以及缜密的逻辑思维来有效描述自己的创业项目进而打动投资人几乎不可能。作为投资人，更希望通过商业策划书对你的项目进行评估、推广、融资等。因此，一份好的商业策划书将成为吸引投资人目光并打动投资人的最有效方式之一。

（二）如何写出简洁清晰、重点突出、一目了然的商业策划书

大部分有创业想法的高职学生都不是很清楚好的商业策划书应该有的技巧和要点，有一些学生有很好的创业点子，但到最后都被一份"糟糕"的商业策划书给毁了。那么，好的商业策划书应该有什么样的思考框架呢？高职创业者只要能用"一句话"来回答以下问题，那么整个创业项目的商业模式将会逐渐清晰。

我是谁？

创业的灵感或动机是什么？

满足了什么样的刚需？

市场的潜力如何？

还有谁提供类似的刚需？

你的优势是什么？

如何保持住你的优势？

通过何种方式让客户知道你的产品或服务？

某一周期内能赚多少钱？

如果有投资者看重项目，计划分多少股份，换多少投资，准备怎么做？

投资人将得到什么样的回报？

合伙人怎样退出？

如果创业者能够简洁清晰地用一句话回答以上问题，说明对创业项目已经有较为明确的认识，依据这样的思考框架对商业策划书进行完善，一份好的商业策划书框架将逐步成型。以下大纲对一些项目不一定能够全部适用，写作的重点和顺序也可以根据创业项目的特点进行调整，因此只做参考。

（三）商业策划书参考大纲

第一部分：项目概述（让投资者快速了解项目，此部分需言简意赅，重点突出）

一、公司或者团队基本情况

二、项目的特色及卖点介绍

三、与竞争对手相比存在的优势

四、是否拥有专利、版权等，是否通过标准和行业认证

第二部分：公司概况

一、公司基本信息

二、股东及控股构成

三、主要业务描述

四、团队成员和财务状况

五、场地资源与设施设备

第三部分：行业及市场分析

一、行业分析

二、市场分析

三、竞争分析

四、SWOT 分析

五、项目市场前景和未来 3~5 年的销售收入分析

第四部分：产品或项目概述

一、产品概述（包括产品功能、优势、产品现有的技术资源、未来发展方

向等）

二、产品研发模式及构架

三、产品生产制造过程及工艺流程

四、产品营销计划

五、经营管理计划

第五部分：市场推广

一、细分目标客户

二、销售成本构成及定价方式

三、营销策略

四、对市场人员的激励和约束机制

五、对竞争对手的反应及对策

第六部分：财务预测与融资计划

一、历史财务状况

二、财务预测

三、投资分析

四、盈亏平衡点分析

五、融资计划

第七部分：项目风险与机遇

一、项目风险分析

二、项目机遇

第八部分：管理团队概述

一、管理团队成员介绍

二、管理团队整体描述

第九部分：关键进度表

详细列明项目实施计划和进度，注明起始和结束时间、计划目标以及各项资金的投入及产出。

第二节 开业初期管理知识

经过前期的筹划阶段和准备阶段，企业正式进入了开业初期。在开业初期，创业者需要筹集资金，为企业维持正常运转提供前提条件；制定中长期规划，为企业未来的发展做出合理的规划；预防企业发展过程中的危机；扩大生意场上的人脉；在企业内部建立管理制度；加强员工的管理；提高创业者的个人素质。

一、筹集资金

创业是一个系统工程，财务活动的起点就是筹集资金的活动。资金是企业运行的血液，筹集资金是企业通过各种途径或渠道，运用相应的手段获取资金的行为。这样，筹资既是企业"造血"理财的主要功能，又是企业维持正常运转的前提条件。但是，在筹集资金之前，必须对创业启动资金作出预测。

（一）创业启动资金的预测

启动资金是指开办企业必须购买的物资和必要的其他开支的总费用。任何创业都需要成本，最基本的开支是必不可少的。

1. 启动资金的类型

（1）固定资产投资。

固定资产投资是指为企业购买的价值较高、使用寿命长的设备或物品。有些学生创业用很少的投资就能启动，如零售业、服务业等；而有些学生创业却需要大量的投资才能启动，如生产制造业等。因此，高职学生创业者应根据企业的法律形态和自身情况以最少的资金投入获得最大的固定资金利用率，让企业少担风险。

（2）流动资金。

流动资金是指企业维持日常运转所需要支出的资金。

2. 固定资产投资预测

固定资产投资是企业开业时必需的投资，而且固定资产成本的回收期较长，有的甚至需要长达数年后才能收回这笔钱。但是作为创业者，必须在创业之初对此项支出作出合理预算，才能保证企业顺利开业。这项投资一般包括场地、建筑物和设备。

3. 流动资金预测

企业进行生产运营，需要有原材料、员工、充足的货币资金做保证，使企业能正常进行生产运营。因此，流动资金需求量也是创业者必须考虑的。创业之初，企业所需流动资金支出一般包括以下部分。

（1）原材料和库存商品。

无论是生产企业、服务业，还是商业企业，必须有足够的库存保证生产和运营的顺利进行。预计的库存越多，所需要的采购资金也越大。因此，要将库存降低到最低限度，以保证流动资金的流动性。

（2）人工费。

人工费是指企业以货币形式支付给员工的劳动报酬。此项支出也是流动资金中重要的支出。

（3）日常工作支出。

企业为了维持正常的运营，除了有相关的场地、原材料、库存商品和员工支出外，还发生相关的办公支出。包括电话费、水电费、网络费、招待费等，这些费用应包括在日常工作支出中。

（4）广告费用。

一个新的企业，为了让外界了解你的企业以及产品，创业初期都需要进行相关的宣传，以此树立企业形象。这就相应地有广告宣传和广告支出，产生广告费用。

（5）场地租赁费。

如果企业的经营场地或设备是租赁来的，在企业开办之初还应支付相应的租赁费。租金一般是按季或年预付，因而会占用更多的流动资金。

（6）其他费用。

企业的日常经营需要大量的流动资金，除以上所列之外，企业还可能发生许多其他支出，如差旅费、设备维护费、车辆使用费等，这些都会占用一定量的流动资金。

（二）筹资的途径

从目前大学生创业的情况来看，其融资渠道较为单一，主要依靠银行等金融机构来实现。其实创业者融资的渠道还有很多，创业者也可以从其中获得资金。

1. 依靠家人的积蓄

依靠家人多年的积蓄是高职生创办企业筹资的主要来源，也是企业创办的原动力，没有家人的支持，创业难以顺利进行。因此，在创业初期，要发挥家人的力量帮助自己创业。其优点是，家人的资金可长期使用，不需要还本付息。但是如果高职生创业失败，承担的风险就较大，因而精神压力大。

2. 从亲朋好友处借钱

从亲朋好友处借钱创业也是寻找本钱的常见做法。其优点是，从亲朋好友处借钱创业靠的是人际关系，具有方便、快捷及灵活性的特点。但是，一旦企业经营失败，亲朋好友就会因收不回自己的钱而伤了感情。因此，讲信用在企业的创办和经营过程中显得十分重要。

3. 从供应商处赊购

赊购是指购买商品时不支付现金，供应商先赊账，以后一次或者分为几次还款。这是一种商业信用的形式，有利于推销商品，而且贷款的利息早已经打入货价，是一种自然融资。但在企业成立之初，从供应商处赊货很难，因为供应商对企业的经营及未来状况不了解。

4. 银行贷款

银行贷款是指银行根据国家政策以一定的利率将资金贷放给资金需要者，并约定期限归还的一种经济行为。从中央到地方，均有支持高职生创业的相关政策。政策规定，对于符合条件的高职生自主创业的，可在创业地按规定申请创业担保贷款，贷款额度为10万元。银行贷款是高职生创业筹集资金最常用和最基本的途径之一。

5. 寻找天使投资

天使投资是权益资本投资的一种形式，是指具有一定净财富的个人或者机构，对具有巨大发展潜力的初创企业进行早期的直接投资。天使投资之所以被称为"天使"，是因为他们通常投资于非常年轻的公司以帮助这些公司迅速启动，这些投资人在公司产品和业务成型之前就把资金投入进来。当然，"天使"并不是很好找的。

二、制定企业发展中长期规划

（一）影响中长期规划的因素

通过自己的努力，创业者的企业基本稳定下来，业务也慢慢走上正轨。这时，创业者就要考虑对自己的企业做一个三年左右的中期规划。当然，这个规划一开始不会很完善，但可以逐步将它完善。

制定这个规划的过程，实际上就是对未来发展规划的过程。它不仅能激励自己，而且对企业的员工也是一种激励。在制定这个规划的过程中，会发现自身存在的问题，因此，这也是一个随时自我校正航线的过程。为了实现这个目标，还需要在一些方面提前做些准备和安排，做到未雨绸缪。

对自己的中长期规划，最好用具体的指标表示，如纯利、销售收入、员工人数、店铺数等，并且定量化，列成表。为了实现这个目标，自己要坚持什么经营方针，企业及企业各部门要解决什么问题，能一目了然，并根据这些指标做相应的安排和部署。每过三个月或半年就对照这个规划进行检查，发现在规划执行过程中有什么问题，就随时加以调整，使自己的规划越来越具可操作性和指导性。

（二）制定企业中长期发展规划的方法

对于一个初创企业来说，编制好企业中长期发展规划，有利于明确公司的发展方向、发展思路和发展路径，促进公司持续、健康、稳定地发展。同时，通过规划编制，促使创业者思考公司的长远发展，从而避免急功近利。一个好的规划，一般应包括企业概况、环境分析、对标分析、制定发展战略、战略保障（发展改革举措）等内容。

三、预防企业在发展过程中的危机

对于企业来说，危机管理是一项十分重要的内容。危机处理得当与否甚至关系到一个企业的生死存亡。如何预防企业在发展过程中的危机，是创业初期每个创业者所面临的共同问题。

（一）影响企业成长的因素

由于经验不足，每个企业在创业初期的管理中都会出现一些混乱，以及经营上出现失策等情况，这是企业成长过程中出现的正常情况。但是，如果不及时进行纠正，这些问题往往就会给企业的发展带来麻烦甚至隐患。事实上，任何危机的发生事先都会有征兆，只要创业者平时多观察，这些问题是可以发现的，完全可以防患于未然。在开业初期，如果出现下面这些情况，创业者就要提高警惕，并采取相关措施应对。

1. 产品质量出现问题

企业产品质量存在问题，固然有不少是由于技术水平不高造成的，但更为普遍的原因则是缺乏有效的管理。许多企业在创业初期经营一段时间之后，接到的订单越来越多，为了快速完成订单，创业者在此时往往会忽视对生产的产品质量管理。忽视了产品的质量，就会影响企业产品在顾客中的忠诚度。因此，尽管开张不久，为了长远的发展，必须根据企业的实际情况接受客户的订单。

2. 客户单位人员更换

客户单位换人，特别是更换了领导人，必须尽快与客户单位更换后的人员进行沟通与了解。客户单位与创业者企业的相关人员更换，过去两个企业之间的一些交易，特别是一些口头承诺，就可能会随之发生改变。于是，创业者必须重新开始与客户单位的新人建立信用关系。因此，客户单位更换人员后，要尽快与新人进行沟通，建立起友好的关系。

3. 合同诈骗

合同诈骗是经济领域中的一种突出犯罪形式，使企业直接遭受损失。对自己不了解的新客户一定要慎重对待。如果确实要与新客户签订合同，那么，在合同签订前，一要摸清客户情况。要设法通过多种渠道查清对方主体资格、注册资金、信誉状况、履约能力及其身份证件等情况。尤其不要轻信广告宣传和特殊身份，必要时要上门考察或去相关部门核实身份。二要审查合同条款。订立合同时，对合同条款要反复推敲，防止出现歧义条文，最好请律师帮助审查。三要核实文件资料。对对方提供的有关文件、资料，特别是存款、汇款凭证，要通过工商、金融等部门认真核对与查实。四要尽量设定担保。签订借贷、买卖、货物运输等合同时，尽量采取保证、抵押、质押、留置、定金等方式设定担保，特别是对首次合作的客户，此种做法可有效降低风险。五要及时报案。发现可能受骗时，要及时向公安机关报案。如果拿不准是合同诈骗还是经济纠纷，也可以直接向人民法院起诉，同时申请财产保全。

4. 供货商或大客户倒闭

供货商或大客户倒闭，对创业者的经营肯定会产生影响。另外，如果同行歇业甚至倒闭的企业越来越多，在这个时候就要多收集信息，冷静分析，找出原因。如果创业者从事的业务确实属于夕阳产业，基本上没有什么发展前途了，那么要提前做好转业改行的准备。

5. 破坏潜规则

每一个行业或多或少都有本行业独特的规则。有些是明规则，有些则是潜规则。在创业者进入一个新的行业之前，要尽可能地熟悉这个行业的各种规则，特别是其中的潜规则。如果你不了解或不愿遵守甚至破坏这种潜规则，就很容易被同行淘汰出局。

(二) 企业突发性危机的处理

1. 保持信心

企业在经营过程中，遭遇挫折和失败是常事。所以，在面对失败时，不能一蹶不振。在失败之后，首先要查明失败的原因，冷静分析，找到对策，并尽快修复好相应的人际关系。因为生意上的失败，肯定也会对自己的人际关系带来一些负面的效应。人脉是经营企业的重要资源，所以要尽快修复被破坏的人际关系，不要推脱自己的责任，诚心诚意地请对方谅解。

失败之后，不要胆小多疑，逃避工作，让别人看不起；失败是正常的，对自己要有信心。接受教训，继续前进。既然自己已缴纳了昂贵的学费，那就要让自己更加成熟、更加自信。

2．办理保险

企业开业后，创业者就是企业的支柱。天有不测风云，人有旦夕祸福，生意正做得红红火火，可说不定哪天个人出现什么意外，企业第二天就得关门。那时，不仅是创业者，还有创业者家人和员工一样会遭受打击。在这种情况下，如果对自己的财产和生命都办理了保险的话，那他们可以将自己的家人、员工和合作伙伴的损失降到最小。所以，创业者有责任给自己办理好保险。

四、扩大生意场上的人脉

对于创业者来说，人脉就是一切，就是财源。随着我国经济的发展，创业的人越来越多，那么人脉也是一种信任，跟认识的人合作比跟陌生人合作要强，跟老朋友合作比跟浅交的朋友合作要强。扩大人脉的方法和步骤如下。

（1）制定切实可行的目标，坚持不懈。建立人脉关系网最基本的原则是：不要与人失去联络，不要等到自己有麻烦需要别人帮助的时候才想到别人。要经常打电话、发邮件，借助网络聊天工具与认识的朋友进行沟通，甚至要定期找机会见见面，加深印象，深入交流。

（2）抓住扩展人脉的机会。在街上、饭店、餐厅、机场、汽车站、酒吧、舞会、亲友聚会等场合，处处都有一些有用的资讯，说不定对工作有价值，或带来一个很好的机会。不妨与不熟的人说几句话，哪怕只有几分钟也可以，不仅可以学到东西，而且也锻炼了自己的胆量，在不断地摸索中，才能更好地去跟陌生人交流。出差、旅游、培训等是扩展人脉的好机会，一定要抓住。

（3）借助一些工具扩展人脉。现在是信息化时代、网络化时代，可以借助一些网络工具来扩展人脉，如 QQ、微信、微博等，它们都为发掘人脉提供了很好的功能，通过这些手段，可以找到以前失去联系的同学、同事等，通过自己的朋友再认识朋友的朋友，这些都是很好的方法。

（4）随时记录人脉的进展。要像记日记一样，记录人际交往的有关资料，包括姓名、地址、电话号码、重要日子及对方的专长、爱好、看法及日后的联系方法，以便在交流的时候可以更顺畅。可以随时更新人脉圈，对人脉进行分类管理，如亲人、朋友、同事、同学等类别，通过这些把人脉圈清晰地表现出来。

（5）扩展人脉不能急于求成。扩展人脉时，不能盲目行事，急于求成，真正好的人脉需要一段很长时间的努力才能建立，要精心去呵护。

（6）扩展人脉要有选择性。有些人为了扩展人脉，认为只要认识的人多就好了，不管对谁都称兄道弟的，然而到真正需要别人帮助的时候，人家却都离你而去，这种人脉圈是不可靠的，圈子虽然建立起来，但实际上是断的，不能作为关系的纽带。所以，要懂得选择。

五、在企业内部建立管理制度

（一）健全管理法律法规和公司制度

企业内部管理，在很大程度上取决于规章制度的监管，而监管力度的大小与国家颁布的相关法律法规和公司制定的制度有关。所以，国家法律规定在各行业财务管理中需明确各项权利和职责，对违法行为进行严格惩罚，同时，不断完善各项规章制度，加快各项管理的有效实施，创业者需要明确各岗位的工作职责和要求，保证工作和管理的顺利实施。

（二）组织机构管理

组织机构的管理包括组织机构的设置、分工的科学性、部门岗位责任制、人员素质的管理。在设置内部机构时，创业者既要考虑工作的需要，也应兼顾内部管理的需要，使机构设置既精炼又合理。因此，对企业内部组织结构和职责分工要有整体规划。

（三）预算管理

预算管理是内部管理的重要组成部分，其内容可以涵盖企业经营活动的全过程，包括筹资、采购、生产、销售、投资等诸多方面。所以创业者进行预算管理，是为达到企业既定目标而编制的经营、资本、财务等的年度收支总体计划。

（四）风险防范管理

在市场经济中，企业不可避免地会遇到各种风险，因此为防范风险，创业者应建立风险评估机制。企业常用的风险评估内容有筹资风险评估、投资风险评估、信用风险评估。

（五）财产保全管理

企业的各种财产物资只有经过授权，才可以被接触或处理，以保证资产的安全。

企业内部管理制度是企业管理的基础，只有严格按照制度办事，做到一视同仁，奖惩明确，考核到位，善始善终，才能使内控走向制度化、规范化的轨道企业内部管理制度本身又是一种监督制度，不但要对企业经营进行监督与管理，还需对内部管理部门本身实施再监督，只有这样才能使内控真正发挥作用。对于严格执行内部管理制度的，给予精神鼓励和物质奖励；对于违规违章的，坚决给予处分和处罚，并与职务升降、薪金相联系。只有做到压力与动力相结合，才能最终实现内部管理的目的，把经营风险降到最低，才能促进整个企业健康、持续、快速发展。

六、员工的管理

初创企业的人员一般配置少，都十分紧凑、身兼要职，所以不能忽视每一个人对企业的影响力。创业者不能把做企业想象得过于简单，更不能忽视人员管理。每个企业都离不开员工在其中发挥的作用，创业者与员工决定了企业的生存与发展。

（一）重视员工队伍或团队的组建

高职生创业初期在管理员工方面由于人员较少，容易按照团队的原则组织，团队内部的协调和沟通也比大型企业更加便利和灵活。通过共同愿景的建立、团队内部知识和信息的交流与学习、凝聚力的培育，可以塑造创业阶段企业独特的优势。

（二）将人力资源管理制度化

由于人力资源战略的作用周期相对漫长，紧迫程度不如其他职能战略，管理者往往有片面忽视的倾向，或者在人力资源战略的制定和执行中随意性很大。可以通过制度化将人力资源的吸收、开发和使用过程形成惯例和条例，包括员工的聘用制度、培训制度、奖惩制度、沟通制度等。

（三）建立以人为本的企业文化

营造员工参与的组织氛围，鼓励创新精神、容忍失误。鼓励员工具有主人公责任感是创业阶段企业吸引和挽留人才的重要手段。创业阶段的企业营造全员参与的组织氛围有特定优势。

（四）多种奖惩方式的结合

创业阶段企业应该在奖惩制度化的基础上，将不同奖惩方式配合使用。除了一般的薪酬激励外，最需要的是侧重于精神激励和企业文化的作用，加强双向沟通。管理者和员工的固定化谈心制度、员工建议制度、非正式化的沟通、灵活的工作空间等都是卓有成效的经营方式。员工持股、智力入股等多样化股权方式有利于企业增强对人才的吸引力。

（五）开拓多元化培训的方式和渠道

企业往往有个误区，认为培训就是送出去深造，或者传授书本知识。其实对创业阶段的企业来说，可以开拓多种培训渠道，其中工作实践是最直接和有效的方式，也可通过合作的方式进行人力资源利用和开发。尽管创业阶段的企业在人力资源投入上不可能与成熟企业相比，但培训的观念、培训的形式和方法却是可以多样的。

（六）克服家族式管理的倾向

任意干预企业事务、任人唯亲、赏罚无序都是家族式管理的常见现象，是导致企业创业陷阱和创业失败的重要原因。克服这种倾向，一是要建立客观的管理制度来代替主观意志的指挥，二是要建立开放型的企业文化，三是进行权利和责任的合理分配。

（七）管理好员工的情绪

对于企业或个人来说，创业初期都是最艰苦的时期，会遇到各种各样的麻烦，因企业实力弱、经营者经验不足，这些麻烦不能很好地处理，就会使企业员工产生不好的情绪。一方面是企业高管人员产生了烦躁情绪，把个人情绪带到了工作中，对待员工态度不耐烦，在处理企业事务时我行我素，这样就会使员工产生抵触情绪，留不住好员工。创业者一定不能在企业中闹情绪，更不能把情绪带到工作中去，不能用个人意志管理企业，不能用个人情绪处理问题，更不能用个人态度决定企业事务；另一方面是企业内部员工会因陌生环境紧张、不习惯或因工作上遇到困难或因同事间出现矛盾，而产生不良情绪或反应。若员工自己没好好调整，管理人员也不注意化解矛盾，诸如此类的情绪就会扩大，甚至有可能蔓延至整个企业。

所以，企业管理人员应该关心员工，不要只管自己抓生产、抓质量、抓业务而忽视了内部人员的情绪变化。

第三节　经营管理营销知识

一、市场购买行为分析

企业要在市场竞争中适应市场、驾驭市场，必须掌握消费者购买行为特征，有效开展营销活动，以满足顾客的需要而获取利润。为了更好地为消费者服务，需要创业者对市场购买行为进行分析。

消费者购买行为是指消费者为满足其个人或家庭生活需要而发生的购买商品

的决策过程。对消费者购买行为进行分析，是创业者营销决策的基础，与企业市场的营销活动密不可分。例如苹果果粉，这些人愿意购买一切最新的苹果产品和配件。那么，苹果公司是如何做到这一点的？它赋予了苹果产品怎样的魔力，才能让用户对它们如此痴迷？答案是体验，有分析家指出，苹果公司迷恋于研究苹果用户的体验，对用户需求有着足够的偏执。因为，消费者购买行为与需求息息相关。

（一）影响消费者购买行为的主要因素

客户想要什么？例如，消费者购买房子，其目的不仅仅是为了居住，还为了安全感和归属感。人们买一辆车不仅仅是为了代步，还可以获得一种身份和地位的象征。人们买一套家具也不仅仅是为了使用，还为了获得温馨的生活。消费者购买行为取决于需求和欲望，而人们的要求、欲望、消费习惯以至购买行为又是在社会文化因素、个人因素、心理因素等许多因素的影响下形成的。

（二）研究消费者购买行为的主要内容

1. 人类需求层次

马斯洛的人类需求五层次理论指出，人都潜藏着这五种不同层次的需要，但在不同的时期表现出来的各种需要的迫切程度是不同的。他把需求分成生理需求、安全需求、社会需求、尊重需求和自我实现需求五类，依次由较低层次到较高层次。对于购买者来说，需求是产生购买动机、实施购买行为的直接原因。

2. 消费者购买行为研究

对于消费者购买行为的研究，就是要弄清楚人们是如何利用自己现有的资源，如时间、精力及金钱等用于有关消费购买的决策。这些决策包括以下几个方面。

（1）何人购买：顾客主要是哪几种类型的人？

（2）为何购买：消费者的购买动机是什么？

（3）何处购买：决定商品销售通路的选择。

（4）何时购买：决定了市场促销活动展开的时机。

（5）如何购买：消费者购买行为的规律和特点会对企业的营销活动产生重要

影响。

（三）消费者购买决策过程

消费者的购买行为是由刺激引起的，这种刺激来自消费者身体内部的生理、心理因素和外部的环境。消费者在内外因素的刺激下，产生动机，作出购买商品的决策，实施购买行为，购买后还会对购买的商品及其相关渠道和厂家作出评价，这样就完成了一次完整的购买决策过程。

二、市场调查

市场调查是企业生存和发展的重要手段，它时刻服务于我们的生活、学习和工作。

（一）市场调查的认知

市场调查，也叫市场调研，就是运用科学的方法，有目的、有计划、有系统地搜集、整理、分析市场情况，对市场状况进行反映或描述，提出解决问题的建议，以便了解营销环境，发现市场机会和问题，作为市场预测和营销决策的依据。

市场调查的时机选择，包括以下几种情形：在公司创立之初；在公司发展过程中；新产品上市阶段；在营销推进的过程中，需要进行重大活动的决策前；公司业务出现严重的问题而缺乏有效解决方案时；公司营销部门进行年终总结并需要制定下一年度营销规划时。

（二）市场调查的步骤

市场调查是制订营销计划的基础。一般可以采用两种方式：一是委托专业市场调查公司来做，二是自己来做。通常组织实施一项市场调查的基本步骤如下：①明确调查目标，确定调查问题；②设计调查方案，拟订调查计划；③调查资料的收集与整理；④调查资料的分析；⑤根据调查资料提出调查结论。

首先明确市场调查的目标，按照企业的不同需要，市场调查的目标有所不同。在进行市场调查时，重点调查市场需求状况、市场竞争状况、消费者购买行为和营销要素情况；如果是在经营中遇到了问题，这时应针对存在的问题和产生的原因进行市场调查。

（三）市场调查的内容

1. 宏观环境调查

宏观环境调查，指的是对影响企业生产经营活动的外部因素所进行的调查。它是从宏观上调查和把握企业运营的外部影响因素及产品的销售条件等。对企业而言，宏观环境调查包括政治、经济、社会文化、技术、法律和竞争等，这些内容基本上属于不可控制的因素，对企业的生产和经营都产生巨大的影响。因此，创业者必须对企业主要的环境因素及其发展趋势进行深入细致的调查研究。

2. 微观环境调查

企业的一切活动都是围绕消费者进行的，消费者是市场经营活动的终端，产品的好坏由消费者说了算。消费者的这种决定权间接表现为他们的购买力的构成和投向。

企业通过问卷、访谈、座谈、讨论、观察、写实等调查形式和手段，对目标消费者（包括个体和组织）进行全面研究，挖掘出消费者的潜在需求，帮助企业预估市场规模的大小及产品潜在需求量，确定目标市场，确定地理区域的目标市场，考虑消费限制条件，计算每位顾客每年平均购买数量以及其他需要考虑的因素。居民购买力实际上就是消费者购买力。

三、目标市场营销

市场细分是目标市场营销活动过程的重要基础步骤，对企业正确制定营销战略意义重大。市场细分的概念是美国营销学家温德尔·史密斯在 1956 年最早提出的，此后，美国营销学家菲利浦·科特勒进一步发展和完善了温德尔·史密斯的理论并最终形成了成熟的 STP 理论（市场细分、目标市场选择和定位），这是营销战略的核心内容。

目标市场营销是指企业识别各个不同的购买者群体，选择其中一个或几个作为目标市场，运用适当的市场营销组合，集中力量为目标市场服务，满足目标市场的需要。目标市场营销（STP 营销）由三个步骤组成：①市场细分；②目标市场选择；③市场定位。

四、产品策略

菲利普·科特勒认为，以现代观念对产品进行界定，产品是指为留意、获取、使用或消费以满足某种欲望和需要而提供给市场的一切东西。

一般而言，产品有三个层次，分别是核心产品、有形产品、外延产品。产品最基本的层次是核心利益，即向消费者提供的产品基本效用和利益，也是消费者真正要购买的利益和服务。产品的外延也从其核心产品（基本功能）向一般产品（产品的基本形式）、期望产品（期望的产品属性和条件）、附加产品（附加利益和服务）和潜在产品（产品的未来发展）拓展。

产品策略是企业为了在激烈的市场竞争中获得优势，在生产、销售产品时所运用的一系列措施和手段，包括产品定位、产品组合策略、产品差异化策略、新产品开发策略、品牌策略以及产品的生命周期运用策略。

五、定价策略

定价策略是市场营销组合中一个十分关键的组成部分。定价策略是指制定或调整价格的技巧。企业定价的目标是促进销售，获取利润。这要求企业既要考虑成本的补偿，又要考虑消费者对价格的接受能力，从而使定价策略具有买卖双方双向决策的特征。

最常见的定价策略包括：新产品定价、折扣定价、心理定价、差别定价、地区定价、组合定价。下面重点介绍新产品定价和折扣定价，以激发创业者对于商品定价的思路。

1. 新产品定价

新产品定价通常包括撇脂定价和渗透定价两种，它们的内涵及优缺点如下所示。

（1）撇脂定价。

又称高价法，是指在产品生命周期的最初阶段，把产品的价格定得很高，以攫取最大利润。市场有足够的购买者，他们的需求缺乏弹性，即使把价格定得很高，市场需求也不会大量减少。高价使需求减少，但不致抵消高价所带来的利益。在高价情况下，仍然独家经营，别无竞争者。高价使人们产生这种产品是高档产品的印象。撇脂定价的优点是企业能够在短时间内获得高额利润，并尽快收回投资。撇脂定价的缺点的受高价厚利的吸引，导致竞争对手迅速进入市场，不能保持企业长期稳定的收益，不利于企业提高市场占有率。

（2）渗透定价。

渗透定价是指企业把其创新产品的价格定得相对较低，以吸引大量顾客，提高市场占有率。市场需求对价格极为敏感，低价会刺激市场需求迅速增长。企业的生产成本和经营费用会随着经验的增加而下降。低价不会引起实际和潜在的竞争。渗透定价的优点是低价可以刺激市场需求迅速增长，使新产品快速打开市场，提高市场占有率。渗透定价的缺点是企业要在较长时间内才能收回投资和获得收益，不利于树立品牌形象。

2. 折扣定价

折扣定价是指对基本价格做出一定的让步，直接或间接降低价格，以争取顾客，扩大销量。其中，直接折扣的形式有数量折扣、现金折扣、功能折扣、季节折扣，间接折扣的形式有回扣和津贴。

六、渠道策略

20 世纪 60 年代第一次提出"渠道策略"概念。渠道策略就是为使目标顾客能接近和得到其产品而进行各种活动的策略，以便更有效地将产品和服务提供给目标市场。渠道策略，同产品策略、价格策略、促销策略一样，也是企业开拓市场、实现销售及经营目标的重要手段，它有助于企业降低成本和提高竞争力。

七、促销策略

促销策略是市场营销组合的基本策略之一。促销策略（促销组合）是指企业通过人员推销、广告、公共关系和营业推广（销售促进）等各种促销方式，向消费者或用户传递产品信息，引起他们的注意和兴趣，激发他们的购买欲望和购买行为，以达到扩大销售的目的。

企业将合适的产品，在适当地点、以适当的价格出售的信息传递到目标市场，一般是通过两种方式：一种是人员推销，即推销员向顾客面对面地进行推销；另一种是非人员推销，即通过大众传播媒介在同一时间向大量消费者传递信息，主要包括广告、公共关系和营销推广等多种方式。这两种推销方式各有利弊，起着相互补充的作用。

第五章 互联网时代下高职学生创新创业

随着科学技术的不断发展，信息技术创新相继涌现，以云计算、移动互联网、物联网、大数据等为代表的新一代信息技术的突破和应用性创新风起云涌，促进了新兴产业的飞速发展。与此同时，通过信息技术与传统产业的渗透融合，推动了传统产业的转型升级，人们的生产生活方式也发生了巨大变化。面对经济转型和社会发展新常态带来的机遇和挑战，高等职业教育应适应发展新常态、谋求新发展，坚持发展理念、构建发展模式、创新发展路径，将高等职业教育与互联网深度融合，加强高职院校学生创新创业教育，构建高职院校创新创业教育体系，促进高职院校学生就业。

第一节 高职学生创新创业全新解读

在 2015 年 3 月 5 日召开的第十二届全国人民代表大会上，我国明确提出了"互联网+"行动计划，并进一步阐释了将云计算、移动互联网、物联网、大数据等互联网技术与现代服务业、制造业相结合的必要性，从而促进互联网金融、工业互联网、电子商务等行业的健康发展，鼓励并积极引导互联网企业进军国际市场。这是"互联网+"这一概念首次出现在政府工作报告之中，并将互联网产业上升到空前的高度。这充分地表明了政府对互联网产业支持与鼓励的态度以及大力发展互联网产业的决心，同时互联网产业在国民经济发展中的基础性、战略性、先导性的地位也得到了国家层面的高度认可。然而，"互联网+"行动计划不能仅仅简单地定义为互联网与传统产业的硬性融合，而是应该通过行之有效的方式改造升级传统产业，并将社会、产业和人们的思想、生存状态进行深刻变革，甚至是从根源上进行颠覆性的变革与创新。

近年来，国家高度重视高等职业教育的发展，党中央、国务院十分关注大学生创新创业教育工作。党的十八大明确提出要加强高校大学生创新创业教育的支持力度。要进行高职院校教育体制改革，树立高职学生创新创业精神，以"大众创业、万众创新"为核心激发高职大学生的创造力，就要培养一批敢于承担风险、富有创新精神的高职院校创新创业人才队伍。然而，目前高职院校学生就业面临着诸多难题，提出"互联网+"时代背景下高职院校创新创业教育改革这一理念，为解决高职学生就业困难这一问题开创了一条新路径，为高等职业教育发展开启了一条新思路。

第二节　高职学生创新创业意识的培养

"互联网+"深刻改变了人们的生活状态。"互联网+"时代启示高职院校要培养学生有无限创意的理念，紧跟时代步伐，具有微创新及多学科融合理念，在"大众创业，万众创新"的时代背景下把握创业发展机在实现自身价值的同时，为社会发展作出贡献。

一、"互联网+"时代与高职学生创新创业意识培养的关联

"互联网+"是创新 2.0 下的互联网发展的产物，为物联网、云计算及大数据等多项产业提供了新的发展契机，促进了电子商务、工业互联网和互联网金融的健康发展。

培养高职学生创新创业意识势在必行，旨在激发高职学生的创造力，培养他们的创新意识、创业技能，为他们提供创业实践平台。高职院校必须要科学、理性看待"互联网+"的发展趋势，借助先进的信息技术，构建出针对高职学生的创业教育模式。当高职学生长期接触网络形成了互联网思维后，其创新创业意识与"互联网+"的关联就是一种必然。

这种关联体现为：第一，高职学生是互联网的重要受众体。高职学生的手机拥有率接近 100%，智能手机也基本普及。伴随着 4G 技术的成熟和推广，互联网已经成为高职学生生活和学习不可分割的部分。高职学生知识获取及疑难问题解

答可查网络，高职学生对时事政治、财经新闻的了解来源于网络，高职学生的交往圈扩展到了 QQ、微信，高职学生的出行依托携程网、去哪儿网等；高职学生订餐上美团网、饿了么网等。第二，"互联网+"的灵活创新能提供给高职学生创新创业的独立性、自主性、选择性。互联网正勾勒出新时代的工作样态。Google 执行董事长 Eric Schmidt 在新书《Google 模式》中提出：21 世纪最抢手的人才是所谓"灵活创新者"。这一类人精力旺盛、勇于冒险、善于表达，充满好奇心和热情，不受固定岗位、固定领域限制，善于灵活运用知识生产新产品，通过做各种各样的事情来获取收入。这些都值得高职院校在培养学生创新创业意识时学习与借鉴。

二、"互联网+"时代对高职学生创新创业意识培养的启示

(一)"互联网+"时代启示培养高职学生要有无限创意的理念

"互联网+"时代新技术与就业市场一直存在着既矛盾又统一的关系。一方面，新技术对原有行业、职业、业务有着巨大的冲击；另一方面，新技术催生新商品和新服务，形成新行业、新职业、新业务。"互联网+"时代的到来，给高职院校人才培养工作带来新的挑战，高职院校应从以下几个方面加以改进。

高职学生在经历过符合自身实际的创新活动的历练后，已经能为未来的创新打下一定的基础；再者，高职学生的创新思想和创新成果只有用于社会、用于人们的生活，才有真正的价值。高职学生一旦毕业就面临就业，最有效率的就业就是通过自身的创业把自身的和学校的创新成果转化为社会的物质和精神财富。这样，高职学生既实现了自己的就业梦想，也报效了国家。高职学生的创新能力在以后的创业过程中必将彰显出来。

(二)"互联网+"时代启示培养高职学生要紧跟时代步伐

互联网的发展产生了大量用户，广大企业会打破原业务模式的局限，边际成本会不断降低。互联网两端群体是一个链接的整体，相互之间形成协作，除了中间的边界部分，最具代表性的众包和众筹已经成为互联网思维的重要体现，能延

续互联网的平台思维模式。

高职学生创业中普遍出现的问题是创新意识不足，表面看着"高、大、上"，其实很多理论是用不上的，应从以下方面改进：一是鼓励高职学生积极参与到社会实践活动中。在充分认识社会的基础上，调动学生的创新理念，使学生的应用能力充分发挥出来，实现社会需求、学校教育的有效衔接，从而激发学生的潜在创业能力。二是高职院校要借助当前可用资源，举办多项创新创业活动和比赛，增强活动的创新性，突出和体现活动的实际效果。这将有助于培养学生的创新发展意识，在努力挖掘学生创新和创业潜能的同时，积极推动高职学生创业迎合社会的发展需求。

(三)"互联网+"时代启示培养高职学生要有微创新理念

互联网企业同用户的高度融合，使企业能够时时掌握用户的细微变化，及时对产品、销售和服务状况进行调整，对消费者需求作出快速反应，不断巩固和提高用户的粘性。当前，高职学生创新意识薄弱，对开展创业教育理解肤浅，高职院校需要从以下几方面加以改进：一是宣传典型。高职院校要发挥网络教育资源的优势，利用校园网、官方微博、校报、学校广播等方式向学生宣传创业教育，在创业教育中渗透创业文化；开设互联网创业沙龙，努力提高学生的创业意识，让创业理念深入人心；树立学生身边的创业典型，开设创业教育交流平台，通过分享学生的创业经验，让学生产生良好的创业灵感，在校园内形成支持创业、尊重创业、创业光荣的良好舆论导向。二是培养学生的创新发展意识。高职院校应帮助学生进行职业定位，树立多元化就业观，寻找新的社会立足点，激发学生的创业热情，培养大学生的创业思维，多角度思考，不局限于热门行业或北上广深等一线城市；鼓励学生多关注一些新兴行业，鼓励学生到二、三线城市进行创业，从小微企业创业入手进行微创新，降低创业难度，提高创业成功率。

(四)"互联网+"时代启示培养高职学生创新创业意识要有多学科融合的理念

目前，高职院校创新创业教育与学科教学和专业教育脱节，没有融入经济法、管理学、营销学、社会学等多个学科知识，降低了创业教育的效果。多学科的融合绝不是学科的堆积、杂糅，而是要构建成系统、合逻辑的教学、教材体系。构建创业教育体系，实现多学科的互补与融合，从而为创业打下坚实的基础。

三、"互联网+"时代培养高职学生创新创业意识应注意的问题

（一）互联网思维中的逐利性

互联网行业的终极目标是盈利，这就是它的逐利性。增强高职学生的就业选择能力是高职院校开展创新创业教育的一项重要任务，使学生在实现自我价值的同时获得物质上的满足。培养的目的不是逐利，而是奉献和责任。因此，在借鉴互联网思维过程中，一定要慎重把握其中的逐利性。

（二）互联网思维中的颠覆性

互联网思维是在对传统商业模式摈弃的基础上建立起来的，是对过去的颠覆。高职学生创新创业意识培养是建立在继承和发扬传统的基础上的。如果把传统商业模式推倒重来，另起炉灶，那么高职学生创新创业意识的培养则成了无源之水。

第三节　高职学生创新创业素质养成

目前我国对高职院校学生的创新创业素质养成非常重视。在"十三五"规划中，高等教育、职业教育及信息化、互联网化等关键词被多次强调。而在"互联网+"的新形态下，对高职院校如何培养出符合时代需求、具有更高创新创业素养的新时代大学生提出更高要求。

一、"互联网+"时代高职院校学生创新创业素质养成的理论与理论意义

创新创业教育作为知识经济时代的一种新的教育观念和教育模式，有着丰富的内涵和外延。我国虽然出台了很多扶持高校学生创新创业的教育政策，但真正落实到实际操作层面的却很少，尤其缺少针对高职院校学生特点而形成的完整的创新创业素质教育研究体系。

"互联网"时代的时代特征有利于高职院校学生自主创业，而建立完整的"互联网+"视野下的高职院校创新创业素质培养模式,对于加强高职学生素质教育，形成有序的高职院校创新创业教育体系具有积极推进意义。深入研究"互联网+"时代高职院校学生创新创业素质养成，这既是现代职业教育的重要内容，也是高职院校人才培养体系的重要组成部分。

二、"互联网+"时代高职院校学生创新创业素质养成的实践意义

首先，"互联网+"时代高职院校学生创新创业素质养成是在目前的大环境下主动适应经济社会发展的迫切要求，具有鲜明的时代特征。在教育过程中以提高学生创新精神和创业意识为根本出发点，充分发挥学生主观能动性，提升以创新能力为核心的综合素质全面发展，有利于促进高职院校创新创业教育的针对性和实效性。

其次，在日常管理和教学过程中融入学生创新创业素质培养，切实有效地形成高职学生积极创新创业氛围。利用"互联网+"新形态投身于创新创业潮流，建设创新型国家，在创造新财富的同时创造更多的就业机会，缓解严峻的就业压力。

最后，通过实践，引发相关学者关注高职人才培养机制的改革不仅是加强学生技能的培养，学生素质的养成和思维的转变才是从教育根本出发的关键。

三、"互联网+"时代高职院校学生创新创业素质养成方法

"互联网+"时代高职院校学生创新创业素质养成的目标在于通过将"互联网+"概念与创新创业教育融入高职院校学生日常管理、校内创业氛围建设、课程改革、专业实训基地建设等方面，从生活、学习、课外活动专业实训等方面全方位培养学生创业创新素质。

（一）在日常管理工作中渗透培养学生创新创业素质

通过班级活动培养学生的网络信息素养，鼓励学生通过互联网寻找时下热点问题，有创新性的开展班级活动，让学生自主对网络信息资源进行有效的检索、搜集、评价和组织利用，锻炼学生的网络信息洞察力，使其在创业活动中能够洞

悉与互联网相关的商业机会。

同时，在活动过程中实施"草根管理"，学生是设计者、实施者，使其有目的、有选择、有规划的安排活动的开展，锻炼学生的管理能力与突发事件处理能力。另外，在日常学生规范管理中，主动渗透培养学生的合作交流能力，让学生在合作交流过程中相互启发指引，体验到合作交流的价值，实现资源的有效共享。

（二）充分发挥大学生社团组织的作用，拓展创新创业教育载体，营造互联网模式下的创新创业校园文化氛围

以校园学生文化活动为载体，以学生竞赛活动为依托，培育学生"互联网+"创新创业能力。通过大学生社团，开展与互联网相关的创业计划大赛、课外学术科技作品竞赛、创业论坛等课外实践活动，并将这些活动通过微信平台、微博推送、校园贴吧等网络方式介绍给学生，开阔学生视野，激发学生积极性。以学生社团组织与社团活动为纽带，将创新创业教育的目标、任务、内容、要求有机地融入校园文化中，从而形成良好的创新创业校园氛围。

（三）依托专业实训基地，指导学生组建互联网创业工作室

据统计，目前大学生的创业活动中有大约90%以上的创业最终以失败告终。归纳其原因主要包括两个方面：第一，学生对于创业活动缺乏较为成熟的理念和操作技巧，在现实中因经验不足和思维上的局限容易遇到种种困难。第二，学生缺乏足够的创业资本，传统创业投入成本高、竞争压力大、创业风险高，种种原因降低了创业成功率，也打击了学生的创业积极性。

因此，可以依托专业实训基地有针对性地为学生提供创新创业实训平台，鼓励学生组建校内创业工作室，引导学生大胆挖掘创业机会，同时配备专业的创新创业教师指导，将机会转化为真正可执行的创业方案。同时，积极推动学生将"互联网+"相关理念融入高职学生校内创新创业的活动中，针对"互联网+"时代大学生创业成本低、风险小的特点，鼓励学生以互联网为突破口，大胆探索"互联网+"时代的创业新思路。

总之，在"互联网+"时代下，高职院校的创新创业教育，并不仅仅是在课堂教育学生如何进行创业活动,还需要在日常管理中渗透式的将"互联网+"创新创业素融入学生的学习生活中。这些素养不仅在学生自主创业过程中起到决定性作用,也是社会创新型人才的要求。

第四节 高职学生创新创业能力提升

一、"互联网+"与行业要素融合,塑造双创新理念

"互联网+"时代对我国高职院校双创人才的双创意识和双创精神等层面提出了更高的需求。要树立当代高职学生双创理念,塑造双创良好氛围是达到新时代双创目标的基本需求,高校学生具备较强的双创技能专业性,将互联网和相关行业要素予以有效融合,塑造全新的双创理念。基于"互联网+"时代,可以利用海报宣传、校企合作等多种渠道为我国双创教育塑造良好的教育氛围,融合不同行业的双创要素,加大对高校学生双创理念的宣传和培养力度,让高职院校及学生都能够意识到双创的重要性,在学习过程中培养互联网思维,彻底打破传统滞后的就业和创业思维。

例如我国建筑产业现代化无论在建造或者信息技术方面,或者再原材料以及管理理念等层面较之传统建筑产业有着非常大的转变,不但保留了建筑业本身的个性化特征,也融合了"互联网+"新思维。高校师生可与互联网企业构建交流平台,依据专业特征将互联网思维融合到双创水平的培养与提升环节中,并且利用校企合作搭建彼此的行业交流平台,全面推动互联网思维和我国建筑行业的有机融合,进而为我国培养一大批能够符合"互联网+"时代特征的双创专业人才。

二、线上线下多元融合,提高双创拓展能力

在"互联网+"时代背景下,可以利用新媒体构建线上线下有效融合的多元化双创教育模式,健全双创教育内容和体系结构。线下教学和实践主要侧重于对高职院校的教学改革,要进一步优化传统的课堂教育模式和教育内容,利用更新颖

而生动的教学模式提升学生学习的积极性，充分激发学生双创学习的兴趣，打好扎实的双创理论和实践能力基础，做好双创入门的引领。利用新媒体，进行多媒体信息化教学，扩展线上双创教学范围，将线上双创教学模式作为线下教学的补充，新媒体凭借强大的互联网优势能够为我国高职院校双创教学知识技能的有效拓展奠定强有力的线上学习平台，并且可以促进大学生对线下学习和实践的反馈互动，全面提升学生双创学习的积极性和主观能动性。

三、创新创业理论与实践融合，提升理论应用能力

实践是检验理论学习的重要途径。高职院校不但要加大校企合作力度，也有必要构建具备专业特色的实训基地或者创业园，为高职院校学生参与双创实践提供基础条件。在开设双创专业理论课程的基础上，必须加大和专业理论和技能相关的双创实践活动，通过举办各类创业技能大赛对学生的专业知识技能予以综合测评；可以定期举办高校双创大赛或者通过创客空间以及创业社团等形式对双创思路予以扩展，通过各类竞赛的形式吸引广大高职院校学生的积极参与，强化他们的创新创业思维，开展创新视野，进而保障专业知识和技能能够通过各类创业竞赛和互动获得较好的应用。

第五节　高职学生创新创业团队建设

"互联网+"时代的到来为创业者提供了更广阔的空间及更多的商机，但也因此，创业团队面临着更大的竞争和更多的挑战。在机遇和挑战并存的"互联网+"时代，怎样组建出更优秀的学生创新创业团队，以适应时代发展的需求，成为每个学生创新创业团队最紧迫的任务。

一、"互联网+"时代学生创新创业团队特征

"互联网+"即利用现有的计算机、通信等技术，将互联网与其他行业相融合，并不断创造出新技术、新产品，从而改变原有的商业模式，推动产业转型升级，形成了万物相连的新生态。当前已进入了"互联网+"时代，基于互联网平台的创

新创业已成为趋势。作为年轻一代的高职学生，喜欢也易于接受新事物、新技术，并敢于挑战自我。因此，"互联网+"为高职学生创新创业带来了新的平台和新的发展机遇。在"互联网+"背景下，高职学生创业有着其他群体无法拥有的优势，比如热情、年轻等，但也有无法避免的劣势，比如经验缺乏、抗压能力弱等。下面对"互联网+"时代学生创新创业团队的特征进行总结。

（一）高职学生创业团队成员创业激情高

高职学生创业团队成员对创业的期待并不仅仅是将一其作为获得经济来源的方式，而是志存高远，想要通过创业实现自己的人生理想，找到自身的价值，所以，往往是饱含激情。并且，高职学生喜欢接触新事物，喜欢创造新事物，这种探索的精神也是创业激情的来源之一。因此，高职学生创新创业团队有着其他团队无法比拟的激情，但是这种创业激情保鲜期不长，现实往往没有想象中顺利，如果长期没有得到突破性的进展，团队成员则容易气馁甚至放弃。

（二）高职学生创业团队支持力度大

国家和地方都鼓励和支持高职学生创业，国家出台了大量支持政策，地方也从实际角度提供了不少便利，例如税收减免等，这就减轻了创业压力；此外，高校内部有孵化园、创业基地等，高职学生创业团队可以获得办公场地、技术甚至资金的支持，这样极大地降低了创业成本；此外，现今高职学生的父母观念也与时俱进了，对于创业大多都是支持态度，甚至还能提供一些实际帮助。

（三）高职学生创业团队人力资源成本低

与其他创业团队相比，基于校园背景所创建的创业团队，不同专业领域的人才资源更为丰富，组合起来成本更低。在组建创业团队过程中，不同专业的人才容易相互结识，团队成员往往是各有所长，优势互补，因为共同的创业理想而组建创业团队。在团队中，不同专业背景的人可以发挥各自特长，在团队项目实施过程中负责不同的任务，形成最优配置状态。显然，相对于校外环境来说，这种人力资源开销要低得多。

（四）高职学生创业团队抗压能力差

高职学生创业团队由于工作经验缺乏，在创业过程中容易遇到挫折，同时又对创业的预期过高，且生活历练少，导致心理承受能力较弱，综合来讲，就是团队抗压能力差。创业过程非常艰辛，其难度远比高职学生想象中大很多，很少有创业团队能够很快看到回报。创业需要全面规划、技术、营销、管理等多方面的能力，而这些能力都是需要长期的经验积累才能获得，刚从学校毕业的学生很难达到要求，所以碰到挫折是必然的。但高职学生面对挫折的处理能力以及心理承受能力又较弱，所以极其容易一蹶不振，甚至于放弃创业。

二、"互联网+"时代学生创新创业团队建设新要求

在"互联网+"时代背景下，根据高职学生创新创业团队的特点，对高职学生创新创业团队的建设提出了新的要求。

（一）"互联网+"时代需要多元化的团队文化

互联网的广泛普及，使得创业团队成员以及顾客群体的价值观都呈现出前所未有的多样化。通过互联网，可以接触不同种类的丰富信息，这些信息改变着大家的世界观、价值观。一方面，创业团队成员由于文化背景、生活环境等不同，无论是现实世界还是网络世界，所接触的事务、信息都大不相同，因而团队的价值观呈现出多样性。作为"互联网+"时代的创新创业团队，需要极大地包容多元化的价值观使得团队成员结构更为开放，整个团队更具有吸引力和创造力。另一方面，由于互联网的广泛覆盖，使得不同年龄、不同文化、不同地域、不同价值观的人紧密地结合在一起，成为网络顾客群体。像这样的顾客群体，其价值观肯定是具有极大差异性的。而作为创业团队，则需要极大地包容这种多样性和差异性，以适应创业发展的需要。总而言之，创新创业团队需要多元化的团队文化来包容团队成员和顾客群体的多样化，这样才能适应"互联网+"时代创新创业团队发展的需要。

（二）"互联网+"时代需要科学的团队结构

"互联网+"时代的创业主要是基于互联网平台，与传统的实体经济相比，基

于互联网平台的商业模式更为便捷、新颖、智能，但它要求队伍具有更高的技术含量。因此，在组建学生创新创业团队时，必须构建与"互联网+"时代经济模式相匹配的科学的团队结构。在"互联网+"时代，大量信息流通过互联网进行交换，如何在信息流中发现顾客，并提供所需要的服务是当前商业发展的关键。对应于创新创业团队，则要求团队成员能够高效地发现数据、分析数据和处理数据，而这些只有该领域的技术人员才能做到。因此，与传统创新创业团队相比，需要构建研发人员占比更高，同时也不能缺少销售、管理、决策等人员的科学合理的团队结构。

（三）"互联网+"时代需要高效的运转机制

基于互联网平台的商业模式，其信息的数量急剧增大且传播速度非常迅速，面对这样一个随时变化的市场，怎样快速准确地提取出有效信息并作出正确的决策，是创业成功与否的关键。而高职学生创新创业团队成员对于市场信息的认识差距较大，增加了内部沟通的成本，甚至决策出错，直接影响创业成败。此外，在运营过程中，面对大量的网络订单以及实时互动的需求所带来的数据流，要求团队能够搭建信息共享平台，最大限度地提高决策和执行速度，从而减少运行成本。因此，创业团队必须基于现状形成高效的运转机制，降低沟通成本和运行成本，以适应基于互联网模式的创业环境。

三、"互联网+"时代高职计算机专业学生创新创业团队建设

根据"互联网+"时代下，学生创新创业团队的特征以及团队建设的新要求，可从以下几方面入手进行优秀团队的建设。

（一）提高团队成员的创新创业素质

（1）树立正确的团队理念，包括凝聚力、诚实正直、目光长远和承诺价值创造。凝聚力指团队成员认为他们处于一个共同体中，成员之间共同承担风险和收益，在工作中需要相互激励和支持，共同实现创业目标；诚实正直指以顾客、公司利益为中心，不要为了狭隘的个人利益或部门利益损害公司，尤其是顾客的利

益；目光长远指团队成员的创业目标不是个人的快速致富，而是企业的长远发展和最终的资本回报；承诺价值创造指团队成员承诺为团队的所有支持者、合作者及顾客等利益相关者获取利益、增加价值，以使得公司价值越来越大。

（2）提高创业技能。在创业的开始以及正式运转之后，都必须不断地学习来提高创业的技能，主要包括职业规划能力、创新能力、自学能力、社交能力、团队建设与管理能力、解决问题能力、数据与信息处理能力和专业技术能力。可以通过邀请经验丰富的企业管理人员、技术人员和风险投资专家开展创业技能培训讲座，或请已经创业成功的学长学姐进行现场指导，也可以通过自己参加培训学习、阅读相关书籍和资料等方式来提高创业技能。

（3）培养互联网思维方式。在"互联网+"时代，创业者需要将传统产业与淘宝、微信等网络信息平台进行融合来开展创业，这就需要培养互联网思维方式，在创业中可以使用网络平台实现销售以扩大销售面，通过物联网技术进行生产的智能化管理以提高生产效率，利用数据挖掘技术对大量数据进行统计分析，以清楚行业动态、市场形势，为公司的发展决策、技术更新提供支持。

（二）建立团结、包容、以人为本的团队文化

在"互联网+"时代，创业团队成员和顾客群体的价值观都呈现出前所未有的多样性，而轻松快乐的工作氛围是团队成员希望达到的理想状态。因此，创新创业团队除了拥有共同的创业理想，还需要建立团结包容、以人为本的团队文化，以增强团队的凝聚力。

第一，承认并接受团队成员价值观的不同。具有差异性的团队成员之间要相互理解、相互尊重，并做到互相借鉴、取长补短，充分发挥每个人的专长，从而整个团队能够相互补充，相得益彰。第二，重视团队成员对工作状态的满意度。满意度越高，越有工作动力，也就能进一步提高工作效率，为创业成功产生推动作用。第三，重视团队成员的职业规划和职业理想。为不同岗位提供等级和晋级标准，使成员通过努力能够实现其职业目标。第四，重视员工的能力提升。定期提供同类型的职业能力培训，团队成员可以根据不同的岗位和职业规划需求选择

对应的能力提升培训，例如技术技能、营销方式、管理艺术、经营理念、法律法规政策等。第五，建立有效的沟通渠道。除了传统的沟通方式，还可以通过微信、QQ 等聊天工具或是建立企业内部专门的信息交流平台实现团队成员的沟通交流和信息共享。良好的沟通渠道是团队成员之间高效地沟通和协调的基础，有利于团队成员工作效率的提高和满意度的提升，也是企业制度完善的标准之一。

（三）基于高职计算机专业学生创业团队的特点构建科学合理的团队结构

高职学生创业团队的成员大都是在校同学、好友或者是有着共同理想的人组建而成。基于这种关系组建的团队，成员之间关系更为密切，相处也更为默契。但缺点是，这是一种基于人情关系的组合，所以在股权的划分，团队的领导权等问题上不好处理，由此带来的风险也是极大的。因此，团队成员的职权需要严格划分。

基于"互联网+"时代背景，构建科学合理的创新创业团队，应包括营销部门、运营部门、战略部门、财务部门、产品部门、研发部门和信息部门。其中营销部门负责产品的销售，战略部门主要负责人事、行政、法务公关、战略等，产品部门负责产品的生产，研发部门负责利用新技术研发新产品，信息部门则负责获取信息并对各种信息进行分析处理，以提取出有效信息来支持企业的决策。基于"互联网+"时代创新创业的特点，科学合理的创业团队结构需要占比更多的技术人员和研发人员，团队的研发能力是整个创业过程的核心力量。

（四）建立严格规范的团队管理制度

创新创业团队的正常运转离不开严格规范的管理制度。尤其是高职学生创业团队，由于都是学生身份，通常以共同的兴趣爱好和职业目标为基础，且每个人都有自己的想法和主张，喜欢自由，不服管。而创业团队的生存必须有制度规范，否则就会导致企业无法正常发展，甚至于团队解散、创业失败。

在创业团队建立之初就应该根据企业的性质和行业的规则建立符合企业发展的管理制度。由团队相关负责人起草，团队成员共同讨论通过，作为企业的必备法律文件。一旦文件正式通过之后，所有团队成员都必须认同并严格遵守相关制度的约束，规范自身行创业团队管理制度的内容除了对公司的性质、组织结构、议事规则、管理模式等进行明确说明，还需要对团队成员的分工、各岗位的职责、奖惩机制、考核方式、员工待遇、权利义务划分等进行详细规定。在创业团队运转过程中也可以对一些不合理或者是可改进部分进行修改和优化，以最大限度地适应团队的发展需求，但必须严格按照修改规则来制定和修改相关制度条约。

（五）充分利用社会资源提高运转效率

高职学生创新创业团队成员的知识背景差距大且社会经验不足，对事物的决策常常容易产生分歧，导致项目运作效率低且容易出现错误决策。基于该特点，可以搭建信息共享平台实现信息共享，并利用新技术对海量数据进行分析来为团队决策提供支持，同时应该善于利用社会资源降低运营成本和提高决策的准确性，具体来说包括以下两个方面。

（1）充分利用国家及地方的高职学生创业扶持政策和中小企业扶持政策，以减少创业成本，快速增强创业团队实力以及抵御风险的能力，并提高生产率。目前国家和各地方政府都出台了大量支持力度不同、支持方向不同的政策来促进高职学生成功创业，创业团队应充分利用这些有利条件，积极争取相关政策的支持。

（2）切实利用好高校或校企合作的各级孵化器高校给高职学生提供创新创业的服务平台，以促进学生创业，成功地解决了部分学生的就业问题，同时也可以将创新成果产品化，实现与现实生产力的对接。而创业团队可以获得良好的创业环境，降低创业成本，并获得丰富的人才资源。

第六章　互联网时代下高职院校创新创业教育

互联网时代之下，高职院校不仅仅面临着前所未有的机遇，其发展也面临着前所未有的新形势、新挑战，在形势不断快速的变革情况下，学校的改革思路一旦没有跟上和创新，在发展的过程中将即刻面临窘迫和落后的局面，如何应对这快速变革的时代，并且在这种变革中找准思路，提出适应性的路径是非常重要的。在此背景之下，高职院校如何适应社会变革的需求，有效推进创新创业教育，实现教育功能是当务之急。

第一节　高职院校创新创业教育现状

为了迎接创新创业教育改革的新形势，抓住机遇，许多高职院校积极地采取了很多应对和改革措施，在理念的更新和体制的改革上都进行了很多有益的探索和尝试，很多院校修改了人才培养方案，通过社团活动、大赛等营造了浓厚的创新创业氛围，相对于本科院校来说，高职院校即使做了更大的努力，但在效果上总是差强人意，在国家级赛事上竞争优势也不强，在教学上效果整体不突出，特别是在实践环节上科研成果的转化成了最大弱势，在对学生的访谈中也发现，较多高职院校的学生对创新创业停留在开小店挣钱的浅层次认识上。总之，高职的创新创业教育整体呈现出碎片化、片段化、零散化的局面。

一、教育教学管理体系割裂

创新创业教育组织和管理方不明确，导致各部门的协同性不强，分工不明确。教务处、经管（系）学院、学工处、团委、就业处、创业学院及分管校长等大多是职位权责交叉，整体上并没有形成一套系统化的创新创业教育体系。从教学的设计到课程实施以及师资的培养，因为分属不同的部门，很难统一思路。同时，教学师资缺乏，双创教育教师大多是通过后期培训兼职教学，许多高职院校从事创业教育的老师大多没有接受特别的专业训练，同时教师在管理上又分属不同的专业和学院，在教学管理和教学思想统一上都难以明确，在某种程度上出现教学形式化，生搬硬套的创新、创业理论现象，缺乏企业管理教学经验，教师教学并未深入学生思想精髓，总体还是基于创新创业通识教育阶段，对于学生的独特性关注太少，教育认知偏失，缺乏完善的培养体系和方案。部分学校虽成立了创业学院，更多偏向于日常行政管理，缺乏完善人才培养方案、体系和系统研究，教师队伍分散，缺少与企业、社会的链接。

二、实践实训体验缺乏

创新创业教育不同于传统的教学，实践实训是非常重要的环节。由于社会资源的缺乏，大部分院校只能在教学内开发实训模拟平台，教学方法采用沙盘、经营实训等直接转化，部分就是简单的流程模拟。创客空间更多是行政行为，缺乏健全的创客教育设计模式，创客教育人才、资金和资源严重不足。并且，对双创理解不深刻、师资薄弱、实践缺失等问题制约着众创空间的发展，也限制双创教育体系的成熟。创客空间出现泡沫化倾向，众创数量增长，水平参差不齐，发展模式雷同，未能体现核心优势，为可持续发展留下隐患。学科竞赛没有抓手，竞赛活动广泛分散，多为走形式，难以提升价值。

三、学生创新创业认识不足

目前大多数高职院校对于学生的创新创业教育阵地依托的是课堂教学，以创新创业课程为主，有的学校是开的选修课，有的是必修课，有的甚至是在职业生涯规划等其他公共课中增加一部分创新创业教育内容，由于本身创新创业课程没有形成专门学科，再加上学生学习时间短，学生不仅对知识点掌握的不全面，更不用说教学能力和情感目标的实现，导致学生对创新创业的认识不全、知识缺乏，对于后期操作实践应用，暴露出其技能方面的弱势。同时由于实践环节的普遍缺失，创新创业理念没有内化到学生的内心，即使学校通过赛事等环节代替实践，但参赛学生缺乏社会经验，心理素质不强，又缺乏正确引导，不能真正发挥其内在优势。数理科技竞赛类功利性强，学生参与仅为增加学分资历，掩盖创新创业教育培养的真实价值。

四、创业孵化成效参差不齐

创业孵化器或校企合作通过项目合作或学生培训方式进行，但校企合作多数是短期、不规范的，合作成效参差不齐。

虽然校企合作倍受政府和社会的关注，已成为评价院校双创成果的重要内容之一，但至今没有完备的体制保障，缺乏统筹规划，统一布局，学校适应企业需求的能力不强，校企联合培养人才的体制没有形成，企业参与职教发展的动力不足，在创新创业领域，并没有搭建起企业人力资源与学校人才培养间的通道。

综上所述，在整个创新创业教育体系中，从学校看，管理割裂，出现管理真空现象，教育行政部门重复建设，资源无法实现共享，高校教师缺乏系统培养，在校学生认识不足，企业和投资者没有顺畅通道进入校园。从深层次看，创新创业人才培养不成体系，各资源通道没有打通是一个重要的原因，大学生创新创业教育游离于高校主流教育体系外，成为一种边缘性教育类型。由于资源没有得到有效聚合，一方面在开展工作的过程中失去有效抓手，另外一方面让创新创业工作不成系统，无法体现时效性。

第二节　高职院校创新创业教育改革

一、"互联网+"时代背景下开展高职院校创新创业教育改革的必要性

随着互联网技术的飞速发展，我国高等职业教育改革迎来了新的挑战，高职院校学生就业问题也成为全社会关注的焦点。高职学生创新创业作为解决毕业生就业难问题的重要突破口，也为高职院校创新创业教育改革提出了新的机遇。"互联网+"时代的各种竞争日益激烈，尤其表现在生存和发展方面的竞争，其本质就是创新与创业能力的竞争。高职院校实施学生创新创业实践活动，开展学生创新创业教育是时代发展的必然选择。

互联网时代下高职院校德育和创新创业教育研究

（一）"互联网+"时代背景下高职院校开展创新创业教育是时代之必须，发展之要务

目前，国际竞争实质是知识与经济的竞争。我国要实现经济工业化、知识化的转化与协调发展，就应抓住机遇，着重发展知识经济，提升全民族的创新创业意识和能力。大力发展高等职业教育已经成为我国教育领域的一个重要战略，加强高职学生的知识创新和技术创新能力，是提高国民经济的整体综合水平，应对国际经济实力的竞争，实现"两个一百年"奋斗目标和中华民族伟大复兴的战略选择。然而，从世界经济发展趋势来看，创新企业和创新产品越来越受重视，劳动力市场对具有独立创新创业能力的人才需求日益增加。因此，在"互联网+"时代，高等职业院校应坚持开展学生创新创业教育，着力培养学生的创新创业意识及能力，从而使高职院校毕业生不仅是社会求职者，而且是社会创业者和工作岗位上的创新创造者，这已成为互联网时代和社会经济发展的迫切需要。

（二）"互联网+"时代背景下高职院校开展创新创业教育是高职院校服务地方区域经济发展的必然选择

在实现伟大中国梦的目标下，高职院校肩负着为国家培养并输送高素质、高技能、创新型应用技术人才的历史使命。高职院校应以培养学生创新创业能力为核心任务，从制度、观念、文化等方面加强自身的创新建设，不断增强高职院校服务地方区域经济发展的能力。面临信息化、知识化、经济全球化的新形势，高职院校为适应地方经济区域发展，在教育改革方面应选好结合点、找准切入点，紧紧围绕学生关注的焦点和热点问题进行传道解惑，引入创新创业的发展轨道。高职院校应将创新创业教育纳入必修课的行列，使学生树立创新创业的责任意识，发挥奋发向上的蓬勃动力，激发高职学生创新创业的激情，充分展现知识和技能优势，提升高职人才的核心竞争力，推动地方区域经济发展，服务社会，为建设创新型国家贡献力量。

（三）"互联网+"时代背景下高职院校开展创新创业教育是高职学生自我提升的重要路径

在科学技术飞速发展的今天，高职学生要想获得更多成功的机会，就应具有

实践能力、就业能力、创新能力和创业能力这四种必备能力。高职学生在学习和实践的过程中，在打好理论知识、文化修养、技术技能的基础上，加强自身就业技能和发展能力，提升个人的素质和技能；在掌握理论知识和专业技能的同时，加强高职学生创新创业素质的养成，不断提升他们的创新创业知识和技能。由此可见，在"互联网+"时代，高职院校开展学生创新创业教育是高职学生自我发展，实现自我价值的需要。因此，高职院校开展创新创业教育尤为重要。

二、"互联网+"背景下开展高职院校创新创业教育改革的策略

"互联网+"时代相继萌发出新业态、新模式、新领域，这为高职院校教育改革提出了崭新的挑战。这种挑战将颠覆传统的教育理念，超前于高职院校原有的育人模式与规章制度。因此，在"互联网+"时代背景下高职院校开展创新创业教育改革势在必行。

（一）转变教与学理念，开展教育教学改革

"互联网+"时代的到来已经影响到高职院校的教育教学，高职院校创新创业的课程改革势在必行。高职院校未来课程改革的总体思路应该是：突破教材大纲、连通课堂网络、消除学科边界、实现个性目标、培养创新人才。

1. "互联网+"时代需要新的教与学理论

目前，已经诞生了两种适应"互联网+"时代的教与学理论，一种是关联主义学习理论，另一种是新建构主义理论。这两种理论互为补充、相辅相成，共同指导"互联网+"时代的教与学。关联主义学习理论能够充分顾及学习的趋势以及学习技术与网络的使用。关联主义学习理论之所以能够适应"互联网+"时代的高职教育，是因为它可以细致地预测并描述"互联网+"时代知识与学习的变化，并提出"互联网+"时代的学习就是连通多个知识建构、建立知识网络的过程。而新建构主义理论是针对"互联网+"时代知识碎片化和信息超载的情况下，学习者在努力理解他们的经历时，积极致力于创造知识、创造学习。新建构主义理论不单纯是一种学习理论，更是一种新的思维的创新，通过这种包容性思维方式，最终实

现知识创新的目的。这两种教与学理论的有机结合，正符合当今"互联网+"时代高职院校创新创业教学改革，为高等职业教育发展提供了教与学的理论支撑。

2. "互联网+"时代将颠覆传统的高职教学模式

随着"互联网+"时代的到来，知识和信息的主要承载形式由纸质材料逐渐转移到互联网，人们浏览网页的时间也远远超过阅读书籍的时间。知识由书本转移到互联网之后，互联网成为获取知识与信息的主要来源，高职院校在教学模式上也应发生相应的转变，应将互联网作为教师教与学生学的重要场所。随着互联网技术的普及，在线学习和网络教育越来越凸显其优势，虽然这种形式不能完全取代面对面的传统教育模式，但是在线教育和网络学习不断向学校和课堂教学渗透，逐步成为颠覆传统高职教学模式的诱因。未来一段时间互联网将发展到高端时代，高职院校教与学的过程可转移到互联网上进行，知识在互联网上成型，教师在互联网上教授，学生在互联网上学习，信息在互联网上互动，线下的活动将成为互联网教学活动的重要拓展和补充，翻转学习成为主要的教育教学形式，从而实现"互联网+"时代背景下高职院校教学模式的改革，培养高职学生创新创业意识，提升他们的创新创业能力。

3. "互联网+"时代将引领高职教学改革新方向

首先，高职教育应将互联网技术与课程教学整合，建立"互联网+"课堂教学的高职教学改革模式，把互联网带进课堂。教师应允许并鼓励学生在课堂上通过网络查找资料并提出问题进行探讨。教师也可以利用微信公众平台点名、布置作业等。每学期教师都可以留出两三课时的时间给学生，让他们把通过互联网学到的知识与技能互相交流创新实践学习体会及经验，并开展互联网创新实践知识竞赛等活动，丰富学生学习生活、拓宽学生视野、激发学生创新活力。

其次，高职教育应将生活实践活动融入课堂。高职教育的课堂教学应从现实生活中寻求教学所需的内容和素材，排除学科之间的障碍，开展混合性、开放性、综合性的课堂教学模式。一是教学内容应以教学大纲为引领，以教材为基础，从生活工作实践和互联网中寻求真实案例和真实素材进行教学；二是将教学实践与研究创新相结合，在与学生分享教师自身的思考方法、研究过程、成功经验、失败教训的同时，使学生有所感悟并激发他们的创新创造能力；三是在课堂教学过程中抽出时间让学生分享自己从互联网上学到的新知识、新方法、新技能，交流思想，调动学生勤于思考、勇于探索的热情。

最后，高职教育应将创新创业教育理念引入课堂。在"互联网+"时代，学习的目标不仅仅是已有知识的传承，创新才是目的所在。高职院校要培养创新创业型人才，就应帮助学生建立起个性化的知识体系，因材施教，并培养学生创新创业思维。因此，高职院校应开设创新创业思维训练课程，主要以培养学生树立创新创业意识、了解创新创业知识、掌握创新创业方法、养成创新创业习惯为目标，最终提升高职学生创新创业能力，助其实现成功创业。

（二）借助"互联网+产业"模式，搭建创新创业实践平台

"互联网+"时代的到来，不仅仅是将互联网与传统产业的简单融合，而是给社会、产业，乃至人们的生存状态带来深刻的变革。通过有效的手段和方式改造并升级传统产业，或进行颠覆式的创新，使之适应时代的发展。高职教育要跟随互联网发展的步伐，打破信息的不对称，激发院校内部的改革活力，调整优化校企合作布局，搭建"互联网+"产业的创新创业实践平台。

高职院校可以通过构建"互联网+"校企合作创新创业实践平台体系，一方面，高职院校应组织高职教师到企业中学习并了解一线生产实际状况，进而改进教育教学方法，更好地开展教学工作；另一方面，高职院校可以组织学生到企业中学习实践，培养他们的操作能力和创新精神，提高高职学生的创新创业水平，从而推进高职教育产学研一体化进程。根据高职院校培养学生的专业特点和专业实际，搭建各类"互联网+"产业的创新创业实践平台，促进高职学生创新创业成果的孵化。

高职院校工业类相关专业可以通过搭建"互联网+工业"创新创业实践平台，通过互联网为学生搭建精准营销、客户交流的渠道，提升高职学生参与制造业的核心竞争力，同时推进工业制造模式从大规模制造向按需制造、个性化

定制等模式演进。高职院校农业类相关专业可以通过智慧农业物联网、大数据等高科技手段，为学生搭建"互联网+农业"创新创业实践平台，通过高职学生实际操作了解开展互联网农业的实践流程，充分发挥学生的创新和创造能力，为学生借助互联网实现创新创业奠定基础。高职院校服务类相关专业可以利用"互联网+服务业"这一实践平台，为高职学生提供高效、合作、创新、优质的营销实践机会，将理论知识与生产实践相结合，拓展高职大学生的创新创业能力。高职院校金融类相关专业可以搭建"互联网+金融"创新创业实践平台，模拟互联网金融操作方法及流程，针对互联网客户的投资兴趣，充分利用大数据时代的信息技术，在深入了解客户需求的基础上，发挥学生的创造能力创新理财产品，发展金融产业。

通过各类"互联网+"创新创业实践平台的建立，高职院校应构建高职学生创新创业实践体系，设立高职学生实习实训基地和创新创业活动基地，使他们充分意识到生产实践、顶岗实习等实践环节的重要性，将互联网与训练学生专业技能、树立学生职业意识、培养学生创新创业精神相结合，进而增强学生的创新创业能力和实践操作能力，提升其综合素质。

（三）推动优质资源开放，完善资源共享体系

随着互联网技术的不断发展，教育领域也受到了"互联网+"时代的冲击，高等职业教育正面临着重大的转型和前所未有的挑战。然而，就目前来看，高职院校所占有的教育资源远远不能满足时代的需求，这就要求高职院校必须通过有效途径推动优质教育资源的开放，完善高等职业教育资源共享体系。

1. 打破院校壁垒，构筑开放共享数据的高职教育体系

在"互联网+"时代下，各个高职院校应打破院校之间的壁垒，实施数据开放，资源共享，构建开放共享数据的高等职业教育体系。同时，要实现社会公共信息资源的开放与共享，建立公共信息资源目录，搭建高职院校与社会公共信息资源共享交换平台。加强对高职院校和社会公共信息数据进行收集、存储、加工、传递、利用、反馈过程的深入挖掘、整理、运用及管理，发展高职院校与社会公共

信息资源大数据建设，形成高职院校和社会公共信息资源的数据化体系，推动高职教育大数据的整合和深加工利用。

2．开发高职教育资源，促进优质教育资源的整合、共享与利用

一是通过开展"互联网+"高职教育改革，深入推进"互联网+"高职院校创新创业教育改革，从而促进各类优质创新创业资源的共享与利用。高职院校可以建设"互联网+"创新创业教育试点，充分发挥互联网对高职院校创新创业教育的支撑作用。二是通过建立高职院校教育管理、教师备课上课、学生学习等互联网支撑系统，改善高职院校原有的信息化条件以及应用水平，创新高职院校教育教学手段与模式，加快高职院校互联网智慧校园建设。三是通过开发与整合社会各类教育资源，高职院校应联合起来为师生搭建大规模互联网学习平台，建立高职院校创新创业教育服务共享体系，为高职师生提供在线学习、个性化学习、终身学习的服务。同时，政府部门应鼓励社会机构和企业单位深入挖掘自身需求，为高职学生提供创新就业机会，打造互联网服务平台，为高职师生提供开放式在线课程，进而协助高职院校开展大学生创新创业教育。

3．完善配套政策，建立健全工作机制和保障措施

高职院校开展"互联网+"创新创业教育改革应有配套的工作机制，创新"互联网+"高职院校创新创业教育模式。一是政府部门应研究并制定"互联网+"时代背景下高职学生创新创业的优惠政策，并配套相应资金支持高职学生创新创业行动，也可采取多方融资等方式建立高职学生创新创业基金，加强高职学生就业和创新应用的投资，加大对高职学生创新型中小企业的资金支持，扶持其发展。二是政府应组织并引导研究机构、行业协会、知名企业、高职院校联合制定互联网时代背景下高职学生创新创业的规范标准和评价体系，出台评价指标体系，对高职学生创新创业水平展开评估，并进行合理的规范与指导。三是政府应加快制定法制保障体系，出台互联网时代背景下高职学生创新创业的管理办法，积极推进相关地方立法，加强对高职学生创新创业的保护，强化信息安全监管，规范互联网市场秩序。

第三节 高职院校创新创业教育网络资源应用

一、"互联网+"时代创新创业教育网络资源应用的优势

根据当前高职院校创新创业教育的实际情况，我们在高职学生创新创业教育体系中运用网络资源，建立信息化时代的创新创业教育体系。从创新高职学生的自主学习模式，促进高职学生良好的创业意识形成，培养高职学生的终身创业精神三个方面着手，充分发挥网络资源在创新创业教育中的独特作用。

（一）网络资源的运用，创新高职学生自主学习模式

信息化时代的飞速发展给高职学生网络学习带来了创新的理念，传统的课堂教学内容和教学方法都极大地限制了学生的学习方式，高职学生通过运用网络学习资源实现个性化的学习方式，进而优化自身的知识能力结构。丰富的网络资源为高职学生提供获取信息的最佳途径，网络的开放性和交互性为高职学生网上学习和交流提供了良好的平台，通过网络的虚拟空间进行交流和取长补短。通过获取足够的创业知识，进一步拓展了高职学生的创业思维，创新的学习模式和丰富的知识结构让高职学生在今后创业中游刃有余。

（二）网络资源丰富的图文信息，激发高职学生创业意识的形成

创业意识在整个创业过程中起着非常重要的作用，集中体现了创业者在创业全过程中的社会属性。运用网络资源创新学习可以促进高职学生创业意识的形成。网络通过计算机终端传达的信息是一种集文字、图形、声音、动画于一体的模式，通过这种形式能极大地调动高职学生的活动意识，从而促进高职学生创业意识的形成。高职学生在广阔的网络信息中选择时，不仅能够提高自身的选择能力，还可以提高思维的决策能力。高职学生通过在虚拟世界低成本、高效率的学习，可充分地调动学生的创业意识和发挥学生的创业潜能。

（三）网络创业平台，可以历练高职学生的创业精神和创业能力

网络资源知识和信息的更新速度能够激发高职学生强烈的求知欲，激发高职学生学习的强大兴趣，通过运用网络吸收丰富的知识，从而形成优秀的创业思维。丰富的网络资源为学生提供了足够的创业空间，高职学生可以根据自己的兴趣爱好和专业特点，充分发挥创作力和想象力，从而提升个人的创业能力，达到培养创业品质和创业精神的目的。良好的创业品质是培养创业精神的基本条件，对培养创业者创业的持久力有着重要作用。西方国家在培养高职学生创业精神这方面非常重视，创业的成败与创业精神有很大关系，因此，在利用网络创业和今后的人生创业中，培养高职学生的创业精神是十分必要的。

随着互联网信息化技术的高速发展，高校利用互联网技术来改革创新创业教育。目前，国内一部分高校已开始构建初具规模的创新创业教育网络平台，通过平台为高职学生提供一些创新创业政策和人才信息，开设创业网络课堂，提高学生的自主学习和创业能力。但网络创新课程和创业实践相对薄弱，无法满足高职学生对创业教学资源及创业实践项目的学习环境等潜在需求。因此，如何充分利用网络资源来适应信息化时代的发展需求，在高职院校建设一个创新创业教育网络信息交流平台，具有划时代的意义。

二、构建"互联网+"时代高职院校创新创业教育网络平台

为了让高职院校学生更方便、更自由地进行创新创业理论的自主学习，促进高职学生创新创业思想交流和提升创新创业能力，在互联网大环境下利用云创业构建一个高职学生创新创业教育网络平台，主要内容包括最新的创业政策和人才信息资讯、灵活的教学资源、先进的网络教学管理、高职学生自主创业实践、创新创业测评、校企合作交流等多个项目，通过云平台将学校与企业信息集中起来经营、整合人才和社会资源，是网络时代高职院校创新创业教育发展的必然趋势。

（一）改革教学模式，构建创新创业网络课堂平台

用于发布创新创业故事、创业步骤和方法、案例教学视频讲座以及模拟讲座

等资源，可运用微课和头脑风暴等多样化形式进行生动有趣的网络课堂教学新模式，并给予创业的高职学生相应的学分。要调动学生的网络课堂学习兴趣，了解创业成功和失败的经验，通过师生在线交互进行实时对接，并对创业的全过程和结果进行创新创业测评。高职学生也可根据喜好对教学资源进行查看或下载，为高职学生了解创新创业提供了一个全方位的空间。

（二）加快信息一体化，打造创业系统资讯平台

展示高职学生创新创业政策最新动态和科研成果公告等信息。在网络时代信息资源是最好的财富，高职学生可以通过网络平台浏览最新发布的创新创业信息动态和创新创业培训信息，了解国家政策的支持力度，了解最新的创新创业科研成果，选择合适的创业项目，抓住创新创业的良好时机，为今后创新创业实践走向成功奠定基础。

（三）加强高职生创新创业能力培养，建立网络专题培训平台

这个平台主要是对部分有创业意愿或是已有创业实践的高职学生进行创业教育专题培训。为提高学生的实践能力，可开设网络"创业计划课程训练"和 SIYB（Start & Improve Your Business，创业培训）、KAB（Know About business，了解企业）创业课程培训，并将此培训纳入实践教学环节，给予相应的学分。目的在于帮助学生全面系统地学习创业技能，了解创业的过程和模式，学习创业的步骤和方法，培养自身的专业能力、企业经营管理能力和个人综合素质能力，提升高职学生自主创业意识和创业成功率。在创业学习中学会发现问题和解决问题的方法，提出思路和途径，树立主动性学习和终生学习的观念，增强解决实际问题的能力。

（四）创新科研水平，打造网络教育科研平台

利用网络发布创新创业大赛和创新创业科研项目申报及审核等相关信息。可利用教育科研平台组织高职学生参加创业计划大赛、电子商务竞赛等系列创业学科竞赛，也可组织学生参与教师科研项目，加强高职学生创新创业能力训练，开展研究性学习和创新性实验计划科研项目申报评选。学生可方便快捷地通过创新

创业教育网络平台浏览相关信息，并在线填报相关申报表格，管理者则通过网络教育科研平台对学生的申报材料进行网络统一评选审核，同时使用电子公章给评审意见加以确认。

（五）丰富教学手段，构建创新创业实践平台

创新创业教育的本质是实践性教育，在虚拟的网络空间，可以通过创业模拟软件为更多的学生提供创业模拟实践的机会，同时学习和推广"O2O"新型线上线下电子商务应用模式，充分利用微信、微博等渠道展开营销，并做好实践教学准备工作，从货源、网络推广到物流配送的整个全过程，最后完成电子商务交易，让高职学生最终从网络模拟实践走向实际自主创业。教师和学生可建立讨论群组进行相关讨论，实现高职学生与创业导师、创业者之间进行深入的在线交流，从而更大程度地提高高职学生创业学习的主动性，真正达到提高创业教育的效果的目的。高职学生可以通过网上创新创业测评了解和总结创业的成效。

（六）加大校企合作力度，共享校企合作网络资源

在开展创新创业教育的过程中，建立校企互融的校园文化有利于营造一个良好的创新创业教育氛围，企业丰富的创业经历能为高职学生提供创业的激情。高职院校可以充分利用企业文化资源，将合适的企业管理理念渗透到学校教育当中，形成未来校企合作的优秀校园文化。利用企业现有资源建立创新工作室、创业孵化基地、创业园以及"校企合作实训室"等校内外创新创业实训基地，通过校企源的整合利用，为高职学生创新创业人才培养需要提供良好的实训条件。

在校企合作共建的基础上，结合企业自身发展的需要，通过搭建一个平台空间发布产品研发、专利申报、技术合作交流等信息，高职学生可以通过平台空间搜寻合作机会和企业的经费赞助，不同企业之间也可通过平台共享网络资源，极大地促进高职学生与企业、社会之间的交流与合作。

三、建立"互联网+"时代高职院校创新创业教育保障机制

高职院校开展"互联网+"创新创业教育应有配套的保障机制，要抓住互联网

发展带来的商机，要以社会需求为导向，快速适应网络时代的社会发展，不断改革和创新人才培养体制机制，充分利用校内校外的网络资源为高职学生提供更多更好的创业学习和创业实践机会，最终成为"互联网+"时代举足轻重的主力军。培养工作踏实、开拓创新的创业实践人才，努力培养具有开拓创新精神的创业人才，为实施创新驱动发展战略、建设创新型国家提供人才支撑。

（一）扩大校园网建设，创建网络教学机制

转变教学理念，改变传统的教学模式，扩大校网建设，加大 Wi-Fi 的网络覆盖区域，让高职学生无论在课堂还是在寝室都能自由上网。创建网络教学机制，让高职学生无论在课内还是课外都能进行网络学习。鼓励高职学生以微信、微博、移动 App 等热门的社会化工具作为信息平台，开展创新创业知识培训和分享，通过在线交流讨论，丰富高职学生创业教育活动的方式。转变旧的教学评价机制，不能单单只偏重课堂教学，更要注重学生网络实践，激发学生网络创业的兴趣。同时，也要打造一支良好的创新创业师资队伍，构建适合各种专业的教师网络资源库，注重专业性和实践性有机结合，为网络教学开展做好在线交流创业指导跟踪服务，推进高职学生创业实践具体工作的有效展开。

（二）优化高职学生的网络创业环境，加强校企合作

优化高职学生网络创业教育环境，健全网络创业教育工作保障机制，在创新创业教育服务中心增设创新创业服务网络平台管理机构，保障高职学生网络创业工作的正常运行。深化高职学生网络创业意识，建立创新创业服务网站，为高职学生搭建网络创业服务平台、负责收集和整理创业信息以及发布创业信息和政策，为学生创业和就业提供及时、准确、重要的信息。

强化校企合作，实现校企间各种网络创业资源的优化配置。建立高职学生网络创业信息库，加强创业教育实践在线交互和跟踪指导，分享创业成功与失败的经验教训，这无疑对高职学生的网络创业教育提供了良好的内外部环境。对企业而言，学校可以为企业输送大量实习生，帮助企业解决实际问题，同时让高职学生通过网络创业的成功案例，了解一线企业的实习、实践过程，从而产生创业的

兴趣，对于高职学生来说是一种很好的创业教育。同时，打造校内外创客空间，创客活动内要有挑战性，重点突出创业文化氛围。可以聘请国内外的知名创客、专家或是企业家来担任驻校创客导师。创客活动中师生的专利和成果的发布过程都由在线管理平台完成，为创业信息的整个过程管理和反馈提供便利。

（三）加强政府政策支持力度，加大创业资金的投入

政府部门应制定"互联网+"时代背景下创新创业的一系列优惠政策，并设立专门的创业资金用于支持自主创业，让门槛较低的高职学生有更多的创业机会和更大的创业成功率。除此之外，也可通过各种渠道采取多方融资等方式创建高职学生创新创业基金，加大对高职学生网络创业投资力度，尤其对高职学生互联网创新型中小企业给予政策和资金支持。对于一个刚进入创业阶段的高职学生来说，更需要政府部门和行业专家给予必要的创业指导，从而让创业的高职学生更有信心。同时，适当放宽国家政策相关的限制条件，鼓励更多的高职学生参与创业并在全社会中形成一种良好的创业氛围。

第七章 互联网时代高职院校创业学生德育分析

创业学生作为学生当中一部分特殊的群体，享受校内外更多的资源，受到各方面更多的关注，较其他同学更早地接触社会，在对他们的思想政治教育问题中，涉及最重要的德育教育应该是广大高职院校思政教育工作者牢牢把握住的关键。

第一节 高职院校创业学生德育教育背景

一、国家大力推行高职院校创新创业教育和高职学生自主创业

大学生是创新力、创业潜力的代名词，而大学是创新创业活动的摇篮，创新创业大赛每年都在各大高校如火如荼地展开。高职院校积极开展创新创业教育，来切实践行科学发展观、深化现代高等教育改革，以鼓励学生自主创业来切实推进"以创业带动就业"口号。全国高校创业热潮一浪高过一浪，特别是高职院校，也积极响应中央号召，鼓励学生创新创业。一时间，创业学生的比例逐渐升高，一支新时代的创业大军正在悄然崛起。

二、市场经济发展使高职院校德育教育面临严峻考验

大学生思想开放、思维活跃，对新鲜事物充满好奇的同时也更容易受不良因素的误导。一些不正之风开始在学生中蔓延，享乐主义、拜金主义、炫富等与大学生形象不相符的思想行为受到追捧，传统的道德标准、价值观念被抛到一边。一方面，创业学生似乎更与"金钱"扯不开关系，他们的目的是赚钱；另一方面，社会主流价值观、道德观念在悄然发生变化，这也使高职院校的德育工作面临严峻的考验。

三、高职创业教育与德育相结合的意义

高职创业教育具有生命力、创造力、注重实践的特点，让学生在创业的过程

中认识自我、认识社会，在实践的过程中同时完成对理念的思考和构建。通过创业实践构建诚信交易观念，形成良好的公民道德观念、是非观念和良好的职业素养。高职院校在创业教育实施过程中，应积极把握住思想政治教育主脉，让学生形成良好的道德修养，树立高尚的道德观念，养成正确的道德行为习惯，以新时代新标准来约束自己，及时纠正不良的创业观念，正确地开展创业实践。只有把创业教育和思想政治教育有机相结合，以德育教育作为创业教育的基石，以创业教育作为德育教育的升华，才能培养出符合新时代要求的高素质创新创业人才。

第二节 高职院校创业学生德育教育的问题

一、针对高职院校创业学生特点，传统德育教育收效甚微

高职院校的创业学生，往往都是高考成绩在同龄人中处于中下游，学业上没有动力，想要在创新创业大潮中抓住机会打个翻身仗。总结起来，高职创业学生主要有以下几个特点：第一，文化课程相对薄弱，学习基础不扎实，缺乏学业兴趣。高职学生文化基础相对薄弱，原本就对学习不怎么感兴趣，更加不买传统教学的账。而创业学生平时创业工作繁忙，时间紧张，作息不规律，更加不理会学业压力，基本上没有什么学习动力。第二，思维活跃，不喜欢被拘束。创业学生不一定外向活泼，但他们思维一定是非常灵活跳跃的，越是这样的同学，越不喜欢被各种条条框框所拘束。他们往往有丰富的想象力，执行力也很强，敢想敢做。第三，忽视自身综合素质培养，认为创好业就行。高职创业学生往往只顾眼前利益，包括许多老师家长在内思想观念都没摆正，觉得创业学生只要创好业就行，忽视其文化、品德、素质思想教育方面的培养。创业学生更是把创业活动放在首位，人生目标狭隘，忽视自身个人素质的培养和提高。

可想而知，针对高职院校创业学生的以上几个特点，我们如果按照传统德育的方法进行教育，肯定是收效甚微的。首先，传统的德育模式基本上以课堂说教为主，把复杂的德育过程当成简单的知识传授，内容枯燥乏味，创业学生基本不

会安安静静坐下来认真听。其次，德育内容滞后。现如今的时代是由多元文化、多元价值观融合交汇而成的，思维日新月异，学生们的思想意识、个性特征、价值观念都发生了新的变化，他们思想观念正处于从青春期到成人的过渡时期，对新鲜事物充满好奇。而在这样的背景下，当今的德育内容就显得内容老化、空泛、缺乏时代性，对学生来说缺乏吸引力。最后，传统德育教育脱离实际生活，不够"接地气"。德育教育在校园中沦为形式，在"知识中心主义"下与生活脱节，阻断了学生德性发展的源泉与渠道，传统德育教育也日益陷入困境。

二、师资力量薄弱导致创业教育与德育脱节

思想政治工作是围绕学生展开的，实施的关键主体是高校教师。但现实情况是，一方面，负责德育教育的思想政治课教师缺乏对创业教育的理解，缺少对创业实践的经验，导致对创业学生的德育教育没有针对性，脱离创业学生的实际；另一方面，负责创业指导的老师注重创业教育，缺乏对思想政治教育的重视与理解，更没有兴趣与精力深入开展思政教育的研究。所以，最后学生也不明白思政德育对于自身发展的重要意义，缺少在创业活动中对自我的反省，过多看重"物质化"的竞争而忽略了精神层面的升华，最终导致了创业学生德育教育的脱节。

三、创业学生德育缺失问题日益凸显

有时候教育改革的步伐往往跟不上经济发展的步伐，前期经济飞速发展所导致的创业学生德育教育的缺失问题如今逐渐凸显在人们眼前。例如：创业学生违反诚信经营原则，为了利益而欺诈消费者；因缺乏相关知识产权意识而销售假冒伪劣产品；为筹集经营本钱而卷入网贷风波进而连累家人、同学等。越来越多现实的例子摆在我们眼前，如果做好创业学生的德育教育，在一些基本的问题面前，他们就会做出正确的选择，而不是只顾利益，误入歧途。

第三节　德育在高职学生创业意识培养中的作用

我国经济发展的新常态要求高职院校教育加强创业教育，全方位地提高学生

的综合素质，培养学生创新精神。因此在注重学生科学文化知识教育的同时，还要加强德育教育，让学生具备与新时代相应的心理素质和道德素养。目前，高职院校的德育教育还存在一些问题，本节主要探讨德育教育在培养学生创业意识中的重要作用。

一、德育教育可以培养学生创业的兴趣

学生只有对创业活动具有积极的态度和浓厚的兴趣才能激发创业的动力。而培养学生对创业实践形成比较持续的、浓厚的兴趣则是德育教育所应发挥的作用。德育教师要引导学生发现自我，找到自己的兴趣所在，培养学生形成对创业活动的兴趣以及进行探索实践的兴趣。这种教育要能够贯穿于高职学生的整个学习生涯，帮助学生进行兴趣塑造，产生创业意识。

二、德育教育可以激发学生的创业动力

学生开展创业除了可以减轻社会的就业负担外，还能够促使学生在创业中实现自我价值，让学生在更大的平台上展现自身能力。因此，德育教育要发挥激发学生进行创业的内心愿望的作用，让学生产生对创业的渴望，鼓励学生培养这种内心动力和实现自我的内在需要。教师还应该通过实践案例的讲解，帮助学生体会创业的内心感受，激发学生主动学习和掌握创业所需要的科学文化知识，在日常的学生生活中不断积淀内心动力，并积极寻找创业机遇。

三、德育教育要发挥帮助学生对创业活动做好心理准备的作用

创业活动充满挑战和机遇，只有学生提前做好充分的心理准备，才能具备创业所需要的坚强意志和不畏挑战的心理承受能力。因此，高职院校的德育教育要在培养学生情商方面发挥重要作用，培养学生建立正确的价值观，对世界形成客观的认识，并且培养学生的合作精神和自律精神。通过德育教育，帮助学生形成强大的心理积淀，能够独立面对困难，勇于迎接挑战，能够以积极进取的乐观主义精神面对创业遭遇的挫折。

四、德育教育可以塑造学生的人格

德育教育在塑造学生人格方面具有重要作用。创业活动需要学生具有创新性思维和开放性精神，这都属于非智力因素，是形成积极人格的重要因素。高职德育教育要转变教育思想，以学生为创业意识教育的主体，挖掘学生所具备的潜能，培养学生的创新思想，让创新思维深入学生的内心，内化为学生自我意识的一部分，帮助学生实现自身的发展。

五、德育教育可以提高学生在创业中的道德情操

创业要符合社会的道德要求，而培养学生养成正确的道德情操正是德育教育所能发挥的巨大作用。创业强调诚信，这是良好社会行为和风俗的基本要求，任何创业活动都要在这一道德底线内开展。德育教育要发挥对学生思想品德的培养作用，帮助学生明确道德规范的要求，培养创业所需要的如认真负责、诚实守信、勤劳勇敢等品德，让学生树立正确的道德观念，成为合格的新时期人才。

在经济新常态的新形势下，高职院校的创业意识培养是人才养成的重要部分。但创业意识不仅来自学生对必要科学文化知识的掌握，更要求高校发挥德育教育的重要作用，培养学生的创新思想和开拓精神，树立正确的人生观、价值观和世界观，养成良好的诚信意识，具备高尚的道德情操，为我国的现代化建设培养更多的合格人才。

第八章　互联网时代高职院校创业学生德育途径探索

在"课程思政"视域下，高职院校创新创业德育教育如何守好自身"责任田"，优化创新创业德育教育课程体系就显得尤为重要。

第一节　加强高职创新创业德育课程体系的必要性

一、加强高职院校创新创业育教育课程体系建设，是创新型国家建设对高职院校创新创业教育内在要求

在中国特色社会主义建设进入新时代的崭新历史阶段，创新型国家建设不仅需要一大批顶尖的创新人才，更需要具社会责任意识、规则意识和诚信品质，具有较高道德水准、文明素养，忠于祖国、忠于人民的高水平创新杰出人才。所以，在高职院校学生创新创业教育课程体系中，加强创业德育教育，把培养具有较高社会责任感、良好职业操守的大学生创业者作为高职院校人才培养工作的重要组成部分，这是创新型国家建设的要求，也是培育和践行社会主义核心价值观的必然要求。

二、加强高职院校创新创业德育课程体系建设，是学生树立正确创业观的重要方式

现阶段，我国正处在转变发展方式、优化经济结构、转变增长动力的攻关期，国家和社会治理体系还在不断调整，致使社会上存在着过分看重自身利益、轻视集体利益、漠视社会责任的个人主义风气。受不良风气影响，部分学生创业者在创新实践中，缺乏诚信意识、契约意识和公民责任意识淡薄，进而在创业实践中表现出急功近利、尔虞我诈行为，甚至行走在违法犯罪的边缘。所以，高职院校创新创业德育教育有责任也有义务引导学生在掌握创业技能的同时树立正确的创业观念，这不仅是培养合格的经济建设人才的要求，更是培养学生担当民族复兴

大任的历史要求。

三、加强高职院校创新创业课程体系建设，是提高高职院校德育有效性的重要载体

从 1995 年国家教委颁布试行《中国普通高等学校德育大纲》(以下简称"大纲")以来，全国各地区、各高职院校根据要求，逐步完善了以"马克思主义理论课和思想品德课"为主要内容的德育课程体系。这些德育课程的开设，适应了时代要求，在帮助高职院校学生培养良好道德意识、树立正确世界观、人生观、价值观方面起到重要作用。但同时，我们也看到部分高职院校德育教育还停留在知识灌输、教学两张皮的阶段，教育效果大打折扣。高职院校创新创业教育要将"创新创业德育"融入学生德育中去，紧密结合创新创业过程中的道德问题，教育学生运用正确的"三观"学选择、处理各种创新创业实践问题。从而，有效增强学生的创业德育观，同时也从整体上提高高职院校整体德育的有效性。

第二节　我国高职创新创业德育课程体系的问题与挑战

一、对创新创业德育的重要性认识不足

当前，我国创新创业教育的目标还停留在创业带动就业，以创业教育提升学生就业素质为核心的课程设计阶段。创新创业课程的设置更多地关注学生创业意识启蒙、创业能力培养等显性要素，有关学生创业者创业德育教育却未得到应有的重视。

高职院校创新创业德育教育不是零散的教育碎片，而是一项系统工程，不应也不可能仅仅通过零散的讲座和传统的两课教学来完成。教育行政部门和高职院校要立足自身工作层面，主动探究创业德育规律，"心往一处想，劲往一处使"，加强高职院校创新创业教育课程体系建设，更多地突出创业德育教育内容。然而，目前部分高职院校还没有充分认识创新创业道德教育在创新创业教育中的重要意义，甚至简单地认为高职院校"两课"所涉及的道德教育就足够了，无需在创新

创业课程中再开设创业德育课程，这些错误的观点和态度严重阻碍了学生创新创业德育教育的开展，也不利于国家高素质创新人才的培养。

二、创新创业德育内容空泛

纵观我国现有的高职院校创新创业教育课程设置，有关创业德育教育内容并不是很多，在现有的创新创业德育教育内容上，显示出过于理想化，缺乏科学性和针对性，脱离实际。目前国内很多高职院校和培训组织广泛使用 KAB 创业培训教材也存在类似的情况。KAB（英文全称 Know About business），意思是"了解企业"，是国际劳工组织为培养学生的创业意识和创业能力而专门开发的教育项目。截至 2017 年 2 月，KAB 项目已经在 330 多所高职院校创设学生 KAB 创业俱乐部，上百万多名学生参加了学习实践。该教材包括八个模块内容，分别是：什么是企业；为什么要发扬创业精神；什么样的人能成为创业者；如何成为创业者；如何找到一个好的企业想法；如何组建一家企业；如何经营一家企业；如何撰写商业计划书。在什么样的人能成为创业者模块中，对创业者的"诚信"进行了简单概述，但是有关创业道德的内容在全书的所占比例实在太少。

三、创新创业道德教育师资配备不足

纵观创新创业德育教育师资现状，可以说我国高职院校非常缺乏优秀的创新创业德育教师。目前，我国高职院校创业德育教育教师的来源主要分为四类：第一类是高职院校财经贸易管理专业的专任教师，这部分教师创业理论知识扎实，商贸学科教学经验丰富，但是相对缺乏创业实践经验，对创业过程中的创业道德相关问题更是了解不深；第二类是高职院校团委就业、思想政治辅导员等老师，这部分教师优势在于拥有带领学生参加创业竞赛和模拟实战的经验，不足之处是教育教学能力相对欠缺，专业理论知识也不够扎实；第三类是马克思主义学院"两课"教师，这部分教师优势是熟悉学生德育教育规律，但是他们不大了解创业过程和实践，自然对创业德育教育研究甚少；第四类是学校聘请的校外企业导师，这些企业导师优势在于拥有丰富的创业实战经验，不足之处是缺乏把实践经验上升为理论的教学能力，对教育教学规律的认识相对欠缺，教育的实效难以持续和固定。因此，高职院校在创新创业道德教育师资建设方面，还有很长的路要走，需要各方面长远规划、持续长期培养。

第三节　高职德育与创业教育相结合的教育体系的构建

　　根据当前我国的就业形势，以高职院校大学生素质教育为切入点，结合时代特色，通过德育教育的创新，以学生创业教育为载体，实施德育教育与创业教育的有机结合，构建和完善高职院校创业教育体系，全面提升高职学生的综合就业竞争力，进而进行人生的成功教育。

一、高职院校创业教育与德育教育有机结合的意义

　　2006 年《中共中央关于进一步发展职业教育》指出"现在和今后一二十年学校培养出来的学生他们的思想道德水平和科学文化素质如何，将直接关系到 21世纪中国的面貌，关系到我国社会主义现代化建设战略目标能否实现，关系到能否坚持党的基本路线不动摇。"国家大力发展职业教育，但在快速发展的过程中，高职院校对学生德育工作还更多地停留在 20 世纪八九十年代的思维方式与管理模式上。目前我国就如何解决职业院校大学生德育问题对策和途径有一些研究成果，这些研究成果为我们的研究提供了必要的理论依据，但在研究的系统性上需进一步完善、研究的时代性需进一步体现、研究内容需进一步创新，尤其是针对新时期职业院校生德育工作方面还非常缺少针对性和系统性。因此，以高职院校大学生素质教育为切入点，结合时代特色，通过德育教育的改革与创新，以创业教育为载体，实施德育教育与创业教育的有机结合，构建和完善高职院校创业教育体系，达到全面提升高职学生的综合就业竞争能力。

　　创业教育的最终目标是要把学生培养成为社会实践活动的主体，这与德育强调受教育者的主体性，开发受教育者的健康人格不谋而合。因此从当前高职学生的个性特点出发，把学生创业教育与思想品德教育有机结合起来，更有助于满足

高职院校大学生不同层次的精神需求，提高职院校创业教育的针对性和实效性，对于缓解当前的就业压力有非常重要的现实意义。

二、构建高职院校德育与创业教育相结合的教育体系

（一）高职院校学生的基础特点

近几年来高职院校的生源质量不容乐观，录取分数仅在 200 多分左右。录取生源素质普遍不高，不仅严重影响了知识和技能的教学，也给德育教学带来新的困难。由于学生德育认知的基础薄弱，对德育教育的认识与学校和企业的规范存在很大距离。

大部分高职学生有自卑感，学习目的不明确，学习动力不足，尤其是学习理论知识的兴趣不足。缺少职业生涯规划意识，缺乏全面的自我认知和环境认知，社会经验缺乏，对就业形势认识不清，对未来工作要求的能力和素质没有明确概念，没有主动锻炼和提升的意识。劳动观念淡薄，缺乏吃苦精神和敬业精神；以自我为中心，以个人意志为出发点，社会责任感淡薄。这样的生源特点，对高职院校的德育教学提出了新的挑战。高职院校的学生，不应仅仅是以单纯的知识理论为中心的课程学习和应试教育。他们的抽象逻辑思维较弱，但形象思维的智能较强，活跃性强，参与课堂活动的积极性较高。因此，他们适合实施行动导向的教学模式，设计相关的教学情境来体现教学内容，使学生在"学中做""做中学""学后做""做后学"。适合实施教学做一体化教学，适合培养成适应生产、建设、管理和服务一线需要的高技能人才。

（二）高职院校应构建德育与创业教育相结合育体系

随着就业形势严峻的日趋加剧，使一部分高职学生"毕业即下岗"。这样既影响了高职生源，导致高职院校招生困难，又对高职院校的声誉有一定的影响。而大部分学生都是被动进入高职院校，他们看学校不喜欢，看老师不顺眼，对上高职院校能否学到真正的知识和技能并不在意，这样不利于高职学生提高自身综合职业能力和创业能力。就业压力与社会压力，使高职学生对自己的未来和前途

忧心忡忡，产生了巨大的心理负担，导致一些高职学生被动等待，无所事事，破罐子破摔，甚至出现极端的打架斗殴现象。少数高职学生追求轻松安逸的校园生活，在生活费的支配上采取高消费方式。学习怕艰苦，工作怕劳累，生活怕节俭，一味贪图享受，追求豪奢。饱食终日，无所事事，把宝贵的大好年华用于谈恋爱、逛街、旅游、打游戏上。

因此，高职院校把德育教学渗透到学校教育的各个环节尤为重要。要定期组织学生参加适当的企业实习和社会实践活动，帮助他们认识社会、了解国情、增强学生的社会责任感。而在高职院校加强创业教育，还能缓解高职学生的就业压力。所以高职院校构建德育与创业教育相结合的教育体系势在必行。创业教育是高职院校德育教育能否实现与时俱进的一个很重要的方面。高职院校德育教育只有与创业教育相结合，才能将当代高职院校学生培养成社会需要的全面发展的创新型人才。

构建高职院校德育与创业教育相结合的教育体系，要增加高职院校创业教育体系部分的内容，具体体现在高职院校学生创业教育的方向与应掌握的知识和能力等，其标志着应当培养学生具备怎样的知识架构和能力架构，这也是进行创业教育的依据，是实现高职院校德育与创业教育有机结合目标的一个重要保证。同时，在德育教育过程中得到较好的渗透与加强，才能在高职院校培养有胆有识的适应市场竞争要求的创业者，才能既为社会创造财富又能为社会创造更多的就业机会。对学生进行创业教育，将是解决高职业院校毕业生就业难这一问题的重要举措。

三、高职院校实施德育与创业教育的方法与途径

（一）课堂教学是德育与创业教育的的实施载体

高职院校学生德育与创业教育的实施载体是课堂教学的内容和体系，必须充分利用教课堂教学的作用才能将德育与创业教育落到实处。坚持"基础与应用相结合，理论与实践相结合、知识与养成相结合"原则进行课程建设。采用团体活动进课堂、课堂讲授与讨论法相结合、案例教学和先进的现代教育技术等教学方法和手段，使学生掌握了有关基本知识和分析技术的基础上，进一步提高其识别、

分析和解决某一具体问题的实践能力。

德育与创业能力不是讲出来的，在课程内容的设计过程中，围绕应用性人才培养目标对素质的需求，深入社会、行业与企业进行实践、实训与调研，结合行业企业的人才需求和社会对人才培养的要求，对课程内容进行模块化重组。简化精讲高深的理论研究，注重与实际紧密相关的社会能力、职业能力等素质培养，在课堂教学同时安排学生把德育与创业的内容加入实践、实训、调研乃至与科研项目结合，真正把立足点放到实际应用上，又能直接服务于应用能力的培养，达到学以致用的目的。

课程的设置应在教育内容上进行延伸和拓宽，并组织任课教师编写相关的教材。教材内容应包括传统美德、创新精神、职业理想、职业道德、创业素质、创业能力、创业知识等不同的内容。并以创业教育为立足点，结合创业知识讲授相关的企业经营管理知识、国家政策和法律法规，通过课堂的德育与创业教育，来提高学生的道德品质和创业技能，同时结合不同的专业课教学，通过整合、实践和强化的手段，加强学生创业意识的训练和养成。为配合创业教育的进行，课堂教学可以以创业设计为主线，优化课程体系，择优配备指导教师，合理安排教学内容，选择教学方法，组织教学实践。

（二）创业实践活动是德育与创业教育的具体途径

高职院校要以创业实践活动为媒介，组织学生深入一些企业考察其创业的历程和运作情况，与创业成功人士进行职场访谈，以了解创业者的创业构思，让学生在真实的企业环境中体会创业的艰辛、感受创业的艰苦历程，克服追求安逸，贪图享受的惰性思想。这对于学生来说，是一次很好的德育实践课。另一方面学校要建立创业实践活动基地，为高职学生提供创业演练的平台。同时学校可以针对不同专业开展"创业实践周"的教学活动。通过"创业设计"让学生将所学的专业理论知识综合运用于模拟创业项目的全过程，以此来达到全面提升学生的职业能力和职业综合素质的目的。学生的创业设计项目包括开题报告、市场调研、公司成立、财务计划、营销方案五个部分，以小组为单位进行创业模拟。为了完成创业设计，学生要亲自进行市场调研，熟悉公司注册的程序，编制财务报表，设计策划产品营销方案，各创业小组在提交创业设计书之前都会进行充分详细的准备，这种准备的过程本身就是积累知识、增长见识的过程，进而会提升学生的社会实践能力，也会培养学生的创新精神和团队合作精神。

为了激发学生参与创业活动的热情，为了给学生打造一个展示创业和管理才华的实践舞台，学校可以定期举办创业设计大赛，让学生在创业实践活动中接受创业教育，并为今后的个人发展打下坚实的基础。

综上所述，从高职院校德育和创业教育现状入手，审视学生德育与创业教育密切联系的因素，高职院校德育在创业教学过程中的实施是十分重要的手段和途径。面对我国社会主义市场经济体制建立后，社会中出现的新形势，人才素质和社会需求间出现了新的矛盾和问题，结合复杂的社会环境，严峻的就业形势，以及高职院校德育与创业教育所面临的问题，把创业教育与德育教育相结合，探究高职院校德育在创业教育过程中实施的途径与方法，提高创业教育与思想教育的科学性、针对性、实效性。

第四节　法律德育教育在高职院校创业团队中的体现

高职院校注重培养的是应用型职业性的创业者，因此，创业团队的建设凸显得尤为重要。为了更好地培养出创业人才、组建成更加优秀、具有定规模的创业团队，法律德育教育必不可少。

一、法律德育教育概述

法律德育教育是高职院校德育教育中的一部分，包括法律常识教育和法律道德教育，高职院校有必要更有义务将法律德育教育纳入整个教育过程当中，这一责任的确立是与当代学生的社会使命联系在一起的。

（一）法律德育教育与德育教育的关系

高职教育是社会教育结构体系中的重要组成部分，它不仅承担对学生传授职业技能的重任，而且还肩负着培养学生形成正确的世界观、人生观和价值观的职责。作为高职院校的教师，要先教会学生做人，然后才能更好地教会学生做事。同样学生只有先成人，而后才能成才，因此，德育教育不容小觑。让高职院校学生学习法律基础知识的目的就在于使学生了解和掌握与自己生活密切相关的法律基本知识，增强他们的法律意识，树立法制观念，提高辨别是非的能力。通过学习不仅使他们做到自觉守法、依法办事，而且还能培养学生积极运用法律武器维护自身合法权益，依法同各种违法犯罪行为做斗争，成为具有较高法律素质的新一代公民。综上，法律德育教育是高职院校德育教育中必不可少的一部分。

（二）法律德育的基本原则

（1）方向性原则。高职院校法律德育必须坚持以实现人才培养目标为方向。

（2）理论联系实际的原则。法律德育教育，要联系行业的发展变化和学生的思想实际；既要注重理论教育，又要注重实践教育，知行统一，要求实务实，提高教育实效，防止形式主义。

（3）教育与管理相结合原则。管理是强化教育的必要手段。在各项管理、服务中要贯彻对学生的法律德育要求。各级管理人员应以敬业精神与良好作风去影响学生，并要发挥学生自我管理的作用。

（4）严格要求与热情关怀相结合原则。教育者要全面关心学生的健康成长。对他们既要严格要求，又要热情关怀，积极主动帮助他们在解放思想、学习和生活等方面的实际问题。

（5）教育与自我教育相结合的原则。要发挥教育者和受教育者的积极性；教育者与受教育者要建立一种民主、平等、彼此尊重、相互学习的师生关系；增强学生接受教育的主动性，并不断提高自我教育的能力。

二、高职院校创业团队中的法律德育教育

法律与法律伦理都是社会政治、经济和文化发展的产物，它维护着最广大人民的根本利益。法律德育教育就是通过系统的专门的法律道德学习，充分激发学生心中的道德因素，培育其道德热情，主动遵守法律法规，维护自身合法权益，

从而在高职院校创业团队中贯彻法律德育教育的途径。

(一) 营造法律德育环境，开展法律德育活动

贯彻法律德育教育要努力营造一个较好的德育环境，以班级为单位，在专业中开展各项法律知识大讲堂、专家讲坛、辩论赛、创业团队法律知识竞赛等活动，以教室、文化长廊、图书馆、阅览室为载体、以学院广播站、学生社团为媒介，学院、社会和家庭三方共同努力将法律德育教育贯彻到每个学生的心中，减少学生在今后面对法律道德困境的危险，使创业团队成员能够真正意识到法律德育教育的重要性。通过营造良好的德育氛围，使学生的言一行都能体现出德育教育的成果。

(二) 理论与实践相结合，采用案例教学法

要确保法律德育教育的成功，就不能将法律德育教育局限在课堂上、控制在校园中，而应该采用理论与实践相结合的方法，避免学生多知识而少见识的现象发生。在课堂上，老师可以利用案例进行教学，将创业过程中经常遇到的法律法规问题、常见的案例纠纷进行讲解，也可组织课堂讨论；在课堂外，可以将创业团队的成员召集到一起召开学生座谈会，同样可以进行法律纠纷模拟、以案说法等活动，调动学生的积极性，主动去发现在创业团队中可能出现的法律问题，同时找到解决办法以备在遇到类似问题时学生能够及时有效地解决。

结 束 语

    经过数十年的跨越式发展，中国高等职业技术教育取得了世界瞩目的成就。但随着我国社会经济建设进入工业化、信息化、城镇化、市场化、国际化的新阶段，高职教育面临着新要求、新任务和新挑战。目前高职院校的核心任务是要为社会培养高素质具备实践能力的合格人才。作为合格的人才，要德、智、体、美、劳全面发展，其中"德"处于核心地位，是个人服务社会的方向和动力。因此，为了能够培养出具有优秀思想品德、积极向上的心态、健康的身心素质的实践人才，高职院校教育工作者要不断进行德育教育的理论和实践创新，目前，高职院校在创新创业人才的德育教育方面还存在一些问题，需要广大高职院校的德育教师深入探讨，发挥德育教育在学生创新创业教育中的重要作用，从而培养出高素质创新创业人才。

参 考 文 献

[1] 任远，夏国军. 高职高专就业与创业指南[M]. 苏州：苏州大学出版社，2006.

[2] 张向东. 高等职业教育德育概论[M]. 武汉：武汉大学出版社，2013.

[3] 尚志平. 就业指导与创业教育[M]. 北京：高等教育出版社，2004.

[4] 香卓伦. 中职创业教育新理念[M]. 北京：中国地质大学出版社，2009.

[5] 孙晓峰. 高校德育创新与和谐校园建设[M]. 合肥：合肥工业大学出版社，2010.

[6] 范琳. 高职院校创新创业教育研究[M]. 北京：世界图书出版公司，2016.

[7] 卢达兴，侯小俊，周澜. 高职学生创新创业基础[M]. 成都：西南交通大学出版社，2018.

[8] 李祖刚. 高职学生创新创业实务指导[M]. 北京：电子工业出版社，2019.

[9] 高捷闻，何承芳. 基于"互联网+"背景下高职创新创业型人才培养模式研究[M]. 合肥：合肥工业大学出版社，2017.

[10] 韩宪洲. 高职德育创新探索[M]. 北京：中国文史出版社，2015.

[11] 蔡志刚. 特色育人与高职德育创新[M]. 北京：中国文史出版社，2015.

[12] 谭谦章. 新形势下高职大德育体系研究成果汇编[M]. 北京：北京交通大学出版社，2013.

[13] 齐学群，王萍辉. 高职院校德育工作创新发展研究[M]. 北京：中国文史出版社，2019.

[14] 王晓娟. 德育视角下高职院校创新创业教育[J]. 今日财富，2017（13）：160-161.

[15] 王玲. 高职大学生德育活动课堂模式的建构——思想政治理论教学改革

[J]. 吉林农业科技学院学报，2010（04）：108-110.

[16] 董道红. 试论德育在高职学生创业意识培养中的作用[J]. 现代职业教育，2017（25）.

[17] 张建奎，王美婷. 基于创业就业目标导向的网络时代高职院校德育研究[J]. 潍坊学院学报，2012（04）：116-118.

[18] 杨利静. 高职学生职业素养培养途径刍议[J]. 学校党建与思想教育，2019，599（08）：81-83.

[19] 马俊曜. 高职院校创新创业人才培养路径浅析[J]. 才智，2017（07）：82-83.

[20] 徐楠，武少侠. 加强创业教育，提升高职学生职业素养[J]. 北京教育（德育），2016（09）：47-48.

[21] 董晨辉，程涛，李长鹏. 创新德育教育，提高职教质量[J]. 科技信息，2009（22）：538.

[22] 冯传平，丁海霞，刘叶飞，等. 双创教育理念下高职高专药学类专业实践教学体系的构建探讨[J]. 卫生职业教育，2018，36（20）：18-20.

[23] 孙立民，刘丽彤. 对构建高职德育与创业教育结合体系的思考[J]. 职教论坛，2011（20）：19-20.

[24] 李鑫. 试论德育在高职学生创业意识培养中的作用[J]. 商情，2009（31）：1-1.

[25] 程德慧. 基于职业生涯设计的高职院校德育创新研究[J]. 河南农业，2007（18）：55-56.

[26] 任立华. 关注学生人文素质，再议高职德育创新[J]. 科技信息，2009（33）：298.

[27] 孙玮霞，柳艳娜. 构建高职特色创业教育模式的意义及途径探索[J]. 南昌教育学院学报，2012，27（3）：82-83.

[28] 董得江. 论职业生涯教育与职校德育创新[J]. 科技传播，2009（01）：104+114.

[29] 苏连升. 高职高专大学生创业核心竞争力的提升[J]. 沧州师范学院学报，2011，27（3）：81-83.

[30] 尤文江. 高职学生品行管理的思考[J]. 时代经贸，2010（8）：238-239.